ZIBALDONE 36

ZIBALDONE

Zeitschrift für italienische Kultur der Gegenwart

Mitbegründet von Helene Harth

Herausgegeben von
Thomas Bremer und Titus Heydenreich

No. 36
Herbst 2003

Schwerpunkt:
Der Gardasee

STAUFFENBURG
VERLAG

Bibliografische Information Der Deutschen Bibliothek

Die Deutsche Bibliothek verzeichnet diese Publikation in der Deutschen Nationalbibliografie; detaillierte bibliografische Daten sind im Internet über <http://dnb.ddb.de> abrufbar.

Zibaldone: Zeitschrift für italienische Kultur der Gegenwart. –
Tübingen: Stauffenburg Verlag
Bis 19 (1995) im Verl. Piper, München / Zürich
Bis 32 (2001) im Rotbuch Verl., Hamburg
ISSN 0930-8997
Schwerpunkt: Der Gardasee
hrsg. von Thomas Bremer und Titus Heydenreich
Tübingen: Stauffenburg Verlag, 2003
(Zibaldone; No. 36)
ISBN 3-86057-988-6

Zibaldone, Zeitschrift für italienische Kultur der Gegenwart,
erscheint zweimal jährlich
Einzelheft im Handel EUR 12,–, im Abonnement EUR 9,-
Jahresabonnement EUR 18,- (inkl. MwSt., zuzüglich Porto)

Postfach 2525 · D-72015 Tübingen
www.stauffenburg.de

Titelbild: Silvio Consadori: *Sirmione*

Manuskripte nur an die Herausgeber:
Prof. Dr. Thomas Bremer, Martin-Luther-Universität, FB Sprach- und Literaturwissenschaft, Institut für Romanistik, D-06099 Halle/Saale
Prof. Dr. Titus Heydenreich, Universität Erlangen-Nürnberg, Institut für Romanistik, Bismarckstraße 1, D-91054 Erlangen
Unverlangt eingesandte Manuskripte werden in der Regel nicht kommentiert und nur zurückgesandt, wenn Rückporto beiliegt.

Sofern nicht anders angegeben, handelt es sich bei allen Beiträgen um Erstveröffentlichungen.

Inhalt

ZIBALDONE 36

Der Gardasee

Kultur, deutschsprachige Kultur – so unlängst ein italienischer Historiker in Salò – habe man zuletzt vor Ausbruch des Ersten Weltkrieges wahrgenommen. Er mochte an Paul Heyse denken, an Henry Thode, Otto Erich Hartleben. Und an Franz Kafka. Was die Geschichte dem See danach bescherte, hat mit Kultur wenig zu tun. Seit 1943-45 weckt «Salò» – zum Verdruss der Bewohner einer Stadt vorrömischen Ursprungs – triste Assoziationen. Das Wirtschaftswunder formierte unter den Deutschen eine – elitäre? – Toskana-Fraktion. Und goss über den Gardasee Massen oberflächlicher Erholungssuchender (noch am sympathischsten: die bunte Welt der Surfer).

Gefahren drohen nicht nur durch Zersiedlung, Lärm und Schmutz. Das dominierende, vom internationalen Tourismus geprägte Image verdunkelt mitunter die weit zurückreichende historische Bedeutung, die künstlerische und literarische Attraktivität der ökonomisch vielfältigen, wohlhabenden Region. Nicht alle wissen vom Engagement öffentlicher und privater Instanzen, für die genannte Vielfalt das Interesse, die Verantwortung der Bevölkerung (und Reisender, die guten Willens sind) zu wecken: durch Veranstaltungen, Ausstellungen, Publikationen, Einrichtung von Naturparks.

Die Herausgeber danken Herrn Dr. Herfried Schlude (Gardone Riviera) für die Vermittlung vieler Beiträger und sachkundige Hinweise, Herrn PD Dr. Thomas Stauder für die wie stets effiziente, nicht nur redaktionelle Mitgestaltung des Heftes.

Die Herausgeber

Julius R. Haarhaus

Auf Goethes Spuren in Italien (1896). Der Gardasee

Vorbemerkung

Als Gründer und Betreuer der Reihe *Kennst du das Land? Eine Büchersammlung für die Freunde Italiens*, Leipzig 1896ff. (bis 1900: 19 Bände) ist Julius R. Haarhaus (1867-1947) *Zibaldone*-Lesern bereits vertraut. Aus Band 3 der Reihe, *Volksthümliches aus Süditalien*, übernahmen wir für Heft 24 über Neapel (S. 56ff.) einen keinesfalls unaktuellen Abschnitt über die Camorra.

In drei Bänden seiner «Büchersammlung» (1, 8, 9) präsentiert sich Haarhaus selber als Schriftsteller. Unter dem Titel *Auf Goethes Spuren in Italien* und im Abstand von hundert Jahren hat «der Verfasser [...] an der Hand von dessen Itinerar – sowohl den Tagebüchern als Briefen – die Route genau verfolgt und sich bestrebt, die von Goethe besuchten und beschriebenen Örtlichkeiten aus eigener Anschauung kennen zu lernen. Vieles aus jener Zeit ist geblieben – lesen wir weiter im Vorwort («Leipzig, im Frühjahr 1896») –, manches zeigt sich in veränderter Gestalt, einiges ist ganz verschwunden» (S. IX).

Aus dem «I. Theil: Ober-Italien» reproduzieren wir – im Zeitalter des Scanners kein Problem – den Text des 2. Kapitels. Was ist – kann sich nunmehr der Reisende von 2003 fragen, der von Rovereto-Sud aus ins Land der blühenden Zitronen hinabeilt – aus jener Zeit geblieben? Und was ist ganz verschwunden?

T. H.

II. Der Gardasee.

Bei der kleinen, nach ihren Maulbeerplantagen benannten Landstadt Mori zweigt sich die Bahn ab, die das Etschthal mit dem Sarcathal und dessen südlicher Erweiterung, dem Becken des Gardasees, verbindet. Auch Goethe wählte den Umweg durch dieses Thal, um, ehe er Verona besuchte, „die schöne Naturwirkung", den Gardasee kennen zu lernen. Wenn er von dem „ungeheuren Felsriegel, über den man nach dem See hinunter muß", spricht, so hat er die seltsamen Gesteinformationen in der Nähe des kleinen blauen Loppiosees im Auge, die einem großen, durch unterirdische Gewalten aufgeregten und in der lebhaftesten Bewegung erstarrten Meere gleichen. Zwischen diesen seltsam geformten und durcheinander gewürfelten Kalksteinblöcken, die Goethe's Lust „zu malerischen Studien" reizten, schlängeln sich Landstraße und Schienenweg in vielfachen Windungen hindurch, glühendheiß brennt in diesem Felsenkessel die Sonne, und die Feldblumen, die in den Klüften als üppige Stauden wuchern, füllen die Luft mit kräftigem Honigduft.

Von der kleinen Station Nago führt eine ziemlich steile, stellenweise schnurgrade Landstraße nach Torbole hinab, einem hübsch und in unmittelbarer Nähe des Seeufers gelegenen Orte, der aber seit dem durch die Nähe des Luftkurortes Arco bedingten Aufschwunge des Nachbarstädtchens Riva seine Bedeutung eingebüßt hat. Auf dem Wege bemerkt man hie und da schon Oelbäume, und auf der Höhe des Monte Brione, des kleinen Hügels, der am Nordrande des Sees wie ein Bollwerk die Thalmulde von Arco schließt, grüßt den Wanderer die erste Pinie. Torbole macht einen ziemlich unfreundlichen Eindruck, der Ort besteht hauptsächlich aus alten schmutzigen Häusern und engen Höfen, die sich ohne regelmäßig angelegte Straßen um die kleine seichte Seebucht hinziehen. Einige alte Thorbogen und sorgsam untermauerte Gärten verleihen dem Dorfe einen recht malerischen Anstrich. Die Einwohner leben noch immer vorzugsweise vom Fischfang, die von Goethe gerühmten Lachsforellen „bis auf fünfzig Pfund schwer, über den ganzen Körper bis auf den Kopf hinauf punktirt", haben ihr Ansehen zu bewahren gewußt. Nach alten Angaben bezahlte man damals das Pfund mit elf Groschen.

Um aber dem Verlangen der Reisenden nach einem Gerichte dieser trefflichen Fische jederzeit gerecht werden zu können, hat man an den Bergabhängen unterhalb der Olivengärten eine künstliche Fischzucht angelegt, in deren sauber cementirten Bassins sich die edlen Seebewohner von der Größe eines Haferkornes bis zu Armeslänge tummeln. Das Gebäude, in dem Goethe wohnte und Angesichts des bewegten blauen Sees und der imposanten Gebirge erneute Anregung zur Iphigenie empfing, „wo er so allein war, als seine Heldin am Gestade von Tauris", ist noch vorhanden. Aus dem Gasthause ist indeß eine Finanzkaserne geworden, über deren Thor das österreichische Wappen prangt. Allein die Tünche hat die alte einladende Aufschrift „Zur Olive" nicht zu verdecken vermocht, und die dunklen Lettern mahnen wehmüthig an die einstige fröhliche Zeit. Wenn Goethe indeß in der „Italienischen Reise" bei Beschreibung der Aussicht, die er aus dem Fenster seines Zimmers genossen, von „unzähligen kleinen Ortschaften" spricht, so beruht dies nur auf einem Irrthum, der in der getrübten Erinnerung späterer Jahre seine Ursache hat. Von Torbole aus ist kein einziger Ort wahrzunehmen. Vermuthlich hat der Dichter die vielen Städtchen und Weiler, die sich seinem Auge auf der Seefahrt darboten, in der Erinnerung schon von jenem Gestade aus zu sehen geglaubt.

Ehe wir uns jedoch weiter südwärts wenden, sei es uns gestattet, einen Blick auf das benachbarte Städtchen Riva zu werfen, welches heute, wie in früheren Zeiten Torbole, zum Ausgangspunkte der Seefahrten dient. Hauptsächlich auf den Fremdenverkehr angewiesen, der sich von Jahr zu Jahr stärker nach dem so besuchenswerthen Gardasee hinzieht, zeichnet sich Riva durch gute Hafenanlagen und treffliche Gasthäuser vortheilhaft vor den übrigen Orten am See aus. Ein hübscher Garten am Hafenplatz, schmucke Colonnaden und saubere Straßen erhöhen den freundlichen Eindruck, den das Städtchen auf den Reisenden macht. Nördlich gelangt man nach Arco, dessen altes Castell, zu dem mit Cypressen bepflanzte Terrassen emporsteigen, schon aus weiter Ferne sichtbar wird. Von Riva führt eine vielfach um die Felswände der Rocchetta gewundene, langsam aber stetig ansteigende Landstraße durch viele Tunnels zum Ponalpaß, der den Gardasee mit dem Gebirgsthal der Giudicaria verbindet. Von dieser Straße genießt man eine unvergleichliche Aussicht über den See und den langen, fast immer beschneiten Höhenzug des Monte Baldo. Tief unten ruht der indigoblaue Wasserspiegel, den, wo er das Ufergestein berührt, ein malachitgrüner Streif einfaßt. Wie ein winziges Spielzeug zieht drunten eine Barke vorüber, deren Ruder bei jedem Schlage in der Sonne blitzen, und kleiner als der Flügel einer Motte ziehen weiße Segel über die Fläche des Sees. Aus den Spalten der grauen Wände sprießt der Lorbeer und der Feigenbaum, hier schon belaubt und mit nußgroßen Früchten beladen, und, unerreichbar für die Hand des Wanderers, wuchern prächtig gefärbte Blumen in dem Geklüft der Felsen. Eine Stunde südlich von Riva wendet sich die Straße nach Westen ins Val di Ledro, aus dem der Ponale dem Gardasee zueilt. Aber die Vereinigung des übermüthigen Flusses mit dem launischen eigensinnigen See ist keine allzufreundliche; da der Absturz des Ufers zu unvermittelt eintritt, so muß das Wildwasser die letzte Strecke seines Laufes in gewaltigen Cascaden zurücklegen, die die Luft des Thales mit unbeschreiblichem Getöse füllen und die Fluthen des Sees zu Schaum peitschen. Steigt man auf dem unregelmäßig gepflasterten Wege, dessen Steine durch das Gewicht auf- und abwärts geschleifter Lasten blank polirt worden sind, hinab, so bemerkt man die von der üppigsten Vegetation umgrünten Ruinen zweier Gebäude. Es waren einst Mühlen, die sich die Kraft der Wasserfälle zu Nutzen gemacht hatten, nach Verlegung der Landstraße aber eingehen mußten. Der Ponale, der freie Sohn der Berge, hat sich seitdem redlich bemüht, diese verhaßten Zwingburgen seiner wilden Wasser nach Kräften zu zerstören. Und so ragen sie jetzt als malerische Trümmer auf der Sohle des märchenhaft dunstigen Felsenkessels. Zu Anfang unseres Jahrhunderts hat dieses Thal auch ernstere Tage erlebt, und ein uralter Fischer in Riva weiß zu erzählen, wie auf jenem Mühlenwege mit unsäglicher Anstrengung und großen Verlusten an Menschen und Saumthieren die Kanonen des korsischen Eroberers emporgeschafft wurden.

Die Fahrt über den See war vor Einführung der Dampfschiffe an bestimmte Stunden gebunden, da man je nach der Richtung der Fahrt den von Mittag bis Mitternacht wehenden Südwind oder den während der übrigen Zeit wehenden Nordwind benutzen mußte. Diese regelmäßigen Winde haben übrigens alle oberitalienischen Seen gemeinsam. Heute ist indeß das ängstliche Festhalten an den von der Natur vorgeschriebenen Fahrzeiten überflüssig geworden, und für den Reisenden, der auf Deck des bequemen Dampfbootes an den herrlichen Gestaden des alten Benacus vorübergleitet, ist Goethe's späterer Ausspruch: „Wenn man mit dem Wasser zu thun hat, kann man nicht sagen, ich werde heute da oder dort sein" bedeutungslos geworden. Dem ersten Ort an der Westseite des Sees, Limone, geben, wie Goethe sagt, „die Berggärten, die terrassenweise angelegt sind, und worin die Citronenbäume stehen, ein reinliches und reiches Aussehen". Die Cultur der Citronen, die von Jahr zu Jahr an Ausdehnung gewinnt, wird hier wie in der ganzen Gegend noch in der alten, von Goethe anschaulich beschriebenen Weise betrieben. „Der ganze Garten besteht aus Reihen von weißen viereckigen Pfeilern, die in einer gewissen Entfernung von einander stehen und deren Reihen hinter einander den Berg hinaufrücken. Ueber diese Pfeiler sind starke Stangen gelegt, um im Winter die dazwischen gepflanzten Bäume zu decken." Hierzu läßt sich nur noch hinzufügen, daß diese Pfeiler dem fortschreitenden Wachsthum der Bäume entsprechend von Zeit zu Zeit durch Mauerwerk erhöht werden. Die schon recht alten Pflanzungen haben sich bei der sorgsamen Pflege und der geschützten Lage herrlich entwickelt, und zu jeder Jahreszeit sind die haushohen Bäume mit tausenden von goldgelben und grünen Früchten bedeckt, die das feine Astwerk zum Brechen belasten und vielfache Stützen beanspruchen.

Weiter südwärts auf einem anmuthigen Vorsprunge des Ostufers liegt von graugrünen Olivenwäldern umgeben das Städtchen Malcesina mit seinem alten zinnengekrönten Castell, berühmt durch Goethe's Abenteuer, der beim Zeichnen der in der That malerischen Ruinen als Spion verdächtigt und einem Verhöre unterworfen wurde. Auf die Fürsprache eines vor Jahren in Frankfurt angestellt gewesenen Eingeborenen, dem gegenüber er sich als friedlichen Bürger der freien Reichsstadt legitimiren konnte, wurde er freigelassen. Diese Episode, die er „mit gutem Humor überstand und in der Erinnerung lustig fand“, bildet eine der köstlichsten Stellen seiner Reisebeschreibung. Im Reisetagebuche lautet die betreffende, später sehr erweiterte Stelle: „Die Lust, dir das Schloß zu zeichnen .... hätte mir übel bekommen können. Die Einwohner fanden es verdächtig, weil hier die Grenze ist, und sich alles vorm Kaiser fürchtet. Sie thaten einen Anfall auf mich, ich habe aber den Treufreund (seine Lieblingsfigur in den ‚Vögeln‘) köstlich gespielt, sie haranguirt und bezaubert.“ Das alte Castell, angeblich von Karl dem Großen erbaut und soweit als thunlich wieder bewohnbar gemacht, dient jetzt der italienischen Regierung als Finanzcaserne. Der Ort selbst mit hübschen Häusern und schöner Kirche ist der erste, der politisch zum Königreiche Italien gehört, die Grenze durchschneidet jedoch schon 8 Kilometer weiter nördlich den See, ohne einen Ort an dessen Ufern zu berühren. Als Zollstation dient daher schon Riva, an dessen östlicher Seite das Fort S. Nicola für die militärische Deckung des österreichischen Seetheiles sorgt. Von den Orten des Westufers zieht zunächst das saubere, von Citronen- und Orangengärten umrahmte Gargnano am meisten unsere Aufmerksamkeit auf sich, und die braunen bettelnden Jungen, die, noch nicht angekränkelt von Prüderie, watend oder schwimmend dem Schiffe zueilen und sich im Wasser balgen, erwecken mit ihrem melodischen „signore! date una moneta al lago!“ schon eine Vorahnung neapolitanischer Strandidyllen. Etwas abseits von der bittenden, schreienden, jubelnden Schaar steht ein kleines Kerlchen, dessen Körperkräfte offenbar eine wirksame Concurrenz bei der Rauferei um die letzten österreichischen Kreuzer der Reisenden nicht zulassen. Indeß, erfinderisch wie die Italiener in allen praktischen Dingen sind, hat der Knirps einen alten Blechlöffel an einen langen Stab gebunden und fischt so vom sichern Ufer aus, ehe seine Genossen das Wasser trüben können, die etwas seitwärts gefallenen Münzen auf. Von nun an reiht sich am

Westufer des Sees Ort an Ort. Es ist die Riviera von Gardone, an der wir jetzt vorüberfahren, und die durch ihre unvergleichliche Lage und die Schönheit der Vegetation auch Goethe's Bewunderung erregte. „Von der Gegend", so schreibt er, „kann man durch Worte keinen Begriff machen, es ist ein Garten . . ." Hier gedeiht der Lorbeer zu gewaltiger Höhe, und hinter den Häusern, Villen und Gasthöfen, die sich von Bucht zu Bucht hinziehen, steigen Oleander-, Granat- und Feigengebüsche sowie starkblättrige Agaven an den Abhängen der Berge empor. In den schmalen Gärten zwischen Häusern und See grünen Orangen, italienische Mispeln und Palmen, die in diesem milden Klima selbst im Winter keines Schutzes bedürfen. Die letzte bemerkenswerthe Stadt des freundlichen Gestades ist Salò, das mit seinen bunten Häusern und blumengeschmückten Fenstern, mit dem von Fischern, Krämern und Müßiggängern bevölkerten Hafenplatz, an dessen Seeseite eine Menge kleiner Barken und zierlicher Gondeln liegen, ein echtes Bild italienischen Kleinlebens bietet. Ein altes schmuckloses und mehr als baufälliges Gebäude, schön röthlich getüncht, trägt die pompöse Aufschrift „Palazzo della giustizia"; aus seinen Fenstern blicken, lächeln und winken indeß bei Ankunft des Schiffes so viele wirklich hübsche Mädchen, daß der Ernst der Localität wesentlich gemildert wird. An Ueberbürdung mit Arbeit scheinen überhaupt die Einwohner von Salò nicht zu leiden, am wenigsten die Frauen, die in bunten Gruppen und in der allerlebhaftesten Unterhaltung auf der Piazza umherpromeniren oder mit ungetheiltem Interesse zusehen, wie der dienstbare Geist irgend eines Nobile von Salò in dem ziemlich schlammigen Wasser der Landestelle sechs silberne Eßlöffel spült, ein Ereigniß, daß immer mehr Sensationslustige an den Strand lockt. Zum Ergötzen aller Fremden trägt das dem Justizpalast gegenüberliegende Kaffeehaus mit feiner Selbstironie die köstliche Bezeichnung „al tempo perduto“, eine Devise, mit der man übrigens das ganze Städtchen überschreiben könnte. Am Eingange der Bucht von Salò liegt die Gardainsel, die nach Süden hin durch eine Reihe von Felsen, die sich über die Wasserfläche erheben, mit Cap Manerba verbunden ist. Die Insel trägt ein Franziskanerkloster, das malerische, theilweise terrassenförmig angelegte Gärten umgeben und alte Pinien und Cypressen beschatten, eine idyllische schweigende Stätte mitten in der Einsamkeit des blauen Sees, die in wundersamem Gegensatze zu dem lärmenden, geschwätzigen Städtchen steht, das wir soeben verlassen haben. Auf einem der Felsenriffe sitzt ein Fischadler, regungslos späht er mit scharfem Auge in das krystallhelle Wasser, dann entbreitet er die langen braunen Schwingen und taucht mit pfeilschnellem Stoß in die Tiefe. Im selben Augenblick steigt er wieder empor, von Rücken und Fittichen träuft die Fluth, und in den gelben Fängen zappelt der übertölpelte Fisch. In schönem weitem Bogen strebt der Räuber aufwärts, den Bergen zu, von Zeit zu Zeit hält er im Fluge inne, um die widerspenstige Beute mit Schnabelhieben zu betäuben. Das Schiff wendet sich hinter Manerba wieder südlich, und die Halbinsel Sermione, die sich mit ihren Olivenwäldern schon lange als schmaler grauer Streif zeigte, wird deutlich sichtbar. Blendendweiß glänzen die Häuser des Städtchens in der Abendsonne, und die grauen drohenden Mauern und Zinnen des Castells überkleiden sich mit einem flüchtigen goldenen Schimmer. Auf der äußersten Spitze der Halbinsel, wo Catull ein Landgut besaß und fern vom Geräusch der Stadt in beschaulicher Ruhe sein geliebtes Sirmio besang, erheben sich noch heute die Trümmer römischer Bauten, die man für den Palast des großen Elegikers hält. Wunderbarerweise erwähnt Goethe diese classische Stätte nicht, obgleich er sie bei seiner Fahrt nach Bardolino bemerkt haben mußte, um so mehr als Volkmann's Buch,

Goethe's Reiseführer, aus dem er die auf den Gardasee bezüglichen Verse des Virgil anführt, auf derselben Seite auch den Anfang der Sirmio-Elegie Catull's citirt.

Wie bei Salò auf der westlichen, so treten bei Bardolino auf der östlichen Seite des Sees die Gebirge zurück, so daß der südliche Theil desselben von einer weiten, wohl bebauten Ebene umschlossen wird. Unzählige Flüsse und Flüßchen, saubere Landstraßen und schattige Kastanienalleen durchziehen diese gesegnete Flur, die üppigen Gärten beschatten Nuß- und Maulbeerbäume, und auf den niedrigen Hügeln kämpft noch die Pappel mit der Cypresse um den Vorrang. Heutzutage wird der Reisende eines der beiden am Südgestade des Sees gelegenen Städtchen, Desenzano oder Peschiera, zum Ziele seiner Fahrt wählen, die beide als Stationen der Eisenbahnlinie Mailand-Verona die bequemste Gelegenheit zur Fortsetzung der Reise bieten. In früheren Zeiten pflegte man schon bei Bardolino den Bereich des Sees zu verlassen, und auch Goethe machte von hier aus „den Weg über einen Rücken, der das Thal, worin der Adige fließt, und die Vertiefung, worin der See liegt, scheidet.“ Aus seiner „Italienischen Reise“ ersehen wir, daß er sich als Beförderungsmittel seiner Person und seines Gepäcks zweier Maulthiere bediente.

Die geologische Formation der Gegend erregt die Aufmerksamkeit des Reisenden. „Die Wasser von beiden Seiten“ meint er, „scheinen ehemals hier gegeneinander gewirkt und diesen ungeheueren Kieselhaufen hier aufgethürmt zu haben. Es ist fruchtbares Erdreich darüber geschlemmt, aber der Ackersmann ist doch von den immer wieder vordringenden Kieseln geplagt.“

Mit einer kurzen Betrachtung über die Bewässerungsanlagen dieser Gegend schließt der zweite Theil dieses Reisetagebuches ziemlich unvermittelt ab.

Eugenio Turri

Der Gardasee: Zerstörung eines Reichtums

Wenn man vom Gardasee und den Lobpreisungen, deren Gegenstand er im Laufe der Jahrhunderte gewesen ist, redet, bezieht man sich immer zuerst auf Goethe, obgleich viele andere vor ihm von dem voralpinen See gesprochen haben, angefangen schon im 16. Jahrhundert bei Montaigne. Dabei ist Goethe nur wie ein Meteor am Gardasee vorbeigesaust. Sein Besuch spielt sich praktisch innerhalb von zwei Tagen ab, vom 12. bis zum 13. September des Jahres 1786. Gewiss: Der September ist am Gardasee ein strahlender Monat, und Goethe gelingt es mit seiner Kraft des Verfremdens, seiner außerordentlichen literarischen Fähigkeit, seiner Neugier und Aufgeschlossenheit, uns ein originelles und lebendiges Bild des Sees zu geben. Aber seine Durchreise vom oberen zum unteren See, um dann Verona zu erreichen, unterschied sich nicht so sehr von der vieler Touristen von heute, die mit ihrem Auto am Ufer eilig entlang fahren und einen Tourismus vom Typ «Beiß zu und flieh'» praktizieren.

Und dennoch haben die wenigen Seiten von Goethes Reisetagebuch eine Kielwasserspur hinterlassen und einen Schlepptau-Effekt hervorgerufen, der dazu beigetragen hat, nicht wenige Besucher oder Pilger zur Reise an die Ufer des größten italienischen Sees zu bewegen und mehr als einen Deutschen zu lehren, ihn lieb zu gewinnen.

Vor Goethes Besuch war der Gardasee eine Art verträumte Welt, weit weg und abgetrennt von den zentralen Orten, die in der damaligen Zeit zählten. Und keiner seiner Bewohner war sich – unter anderem gehemmt durch kulturelle Provinzialität und ärmliche Wirtschaft – des Privilegs bewusst, in einer an faszinierenden Motiven reichen Umgebung zu leben, als die sie von den Menschen bürgerlicher Kultur angesehen wurde. Aber eben zwischen dem Ende des 18. und den Anfängen des 19. Jahrhunderts in einem kulturellen Klima der neuen Perspektivöffnungen, deren Protagonist Goethe zusammen mit anderen großen Persönlichkeiten und Reisenden war, geschieht es, dass dieses Privileg in den Himmel gehoben und verbreitet wird und so das städtische Bürgertum an den See zieht, nicht vor allem und nicht allein das italienische, sondern früher noch das österreichische, da ja das habsburgische Machtgebiet während eines guten Teils des 19. Jahrhunderts (1815-1859) sich über den gesamten See erstreckte. Der Gardasee mit seinem milden Klima und seiner erholsamen Ruhe begann damals als idealer Ort der Zuflucht aus den Städten geschätzt zu werden, die gerade zu dieser Zeit anfingen, sich auszudehnen und infolge der wachsenden Industrialisierung Angstzustände und Krankheiten aller Art verursachten. Bezeichnenderweise begannen nicht nur aus Deutschland, sondern auch aus dem verschmutzten England Reisende und von den Spannungen der Epoche verstörte Menschen an den See zu kommen. Zu den Besuchern von jenseits der Alpen gesellten sich dann die Vertreter der italienischen, vor allem der lombardischen Bourgeoisie.

Die lieblichsten und bezauberndsten Plätze des Sees waren indessen bereits in den vorangegangenen Jahrhunderten vom lombardo-venezischen Bürgertum des Ancien Régime erworben worden, das sie als Orte der Vergnügungen und Kulturpflege in wohliger Geborgenheit erwählt hatte. Besonders vom 16. Jahrhundert an begibt sich der in der venezianischen Republik prosperierende Adel an den See für lange, häufig als literarische *otia* gelebte Ferien, in der Vorstellung, dass der See die ideale Umgebung sei, um über Philosophie, über Kunst, über

Kultur zu diskutieren. Große Humanisten wie Girolamo Fracastoro, Pietro Bembo und andere organisierten literarische Abendessen in ihren Häusern mit Blick auf den See. Kennzeichnend für alle ist die Villa von Punta San Vigilio, einem der bezauberndsten Orte am Gardasee, erbaut auf Veranlassung eines Mannes von Kultur, Agostino Brenzoni, Abkömmling einer der ältesten Veroneser Adelsdynastien, der dort all seine literarischen Sehnsüchte neoklassischer Prägung zu verwirklichen sucht, seinen Geschmack für das Schöne und seine Liebe zur Landschaft.

Auch in den folgenden Jahrhunderten und vor allem im 18. Jahrhundert setzt sich der Erwerb der besten Örtlichkeiten fort. Nur der nördliche Teil des Sees hat mit dieser Politik der adeligen Besitzergreifung von Land nichts zu tun, dies wohl auch wegen der Entfernung zu den Städten und wegen des nunmehr schon alpinen Ambientes. Dieser Teil bleibt in der Hand von Angehörigen der alteingesessenen lokalen Gemeinden, die in den Weilern zwischen See und Gebirge wohnen und von unterschiedlichen aber wirtschaftlich integrierten Tätigkeiten leben, die jahreszeitbedingt mit dem See (Fischfang, Warentausch, etc.), mit dem Gebirge (Viehzucht, Forstwirtschaft) und mit der Landwirtschaft (Oliven-, Wein- sowie spezialisierte Zitruskultur) verbunden sind. Der hügelige, südliche Teil des Sees hingegen ist nahezu vollständig im Besitz der Adeligen, die neben die Lustvilla ihre landwirtschaftlichen Liegenschaften anfügen. Diese werden in Halbpacht bewirtschaftet und sind zum Getreideanbau, zum Weinanbau und speziell zur Olivenkultur bestimmt. Man kann also sagen, dass im gesamten 19. Jahrhundert die Wirtschaft des Gardasees auf primären Tätigkeiten basiert unter dem Vorwiegen des bürgerlichen Besitzes im Süden, des land- und bergbäuerlichen Besitzes im nördlichen Teil. Die Bedingungen sind nicht üppig, weder im Süden noch im Norden, sei es wegen des hohen Bevölkerungszuwachses, sei es wegen der

Ärmlichkeit des Warenaustausches auf Grund der etwas abgelegenen Situierung des Sees hinsichtlich der städtischen Märkte.

Die Dinge werden sich in bestimmten, vom beginnenden Tourismus bevorzugten Gebieten ein wenig ändern, vor allem im Norden (wo die Städtchen Riva und Arco auserwählte Orte der kultivierten habsburgischen Bourgeoisie werden) und auf der westlichen, wirtschaftlich aktiveren und unternehmerischeren Seeseite mit etlichen handwerklichen und industriellen Aktivitäten in Verbindung mit der Verarbeitung von Eisen (das in kleinen Mengen im Gebiet von Brescia abgebaut wird) und mit der Herstellung von Papier. Hinzu kommt dann die Eröffnung einiger Fabriken durch im Handel reich gewordene örtliche Unternehmer.

Bis zu den Anfängen des 20. Jahrhunderts verändert sich die Situation nicht sehr, obwohl von der ersten Industrialisierung, die das Gebiet Brescia und in geringerem Maße den Veroneser Teil betraf, indirekt auch der Gardasee profitiert hat, dank der ersten touristischen Unternehmungen, die durch das wirtschaftliche Wachstum der benachbarten Städte entstanden waren. Und dennoch bleibt der Lebensstandard der Region niedrig und bedingt weiterhin eine wenn auch geringfügige Emigration. Um den Zugang des Sees in die im Aufschwung begriffenen touristischen und wirtschaftlichen Kreisläufe zu begünstigen, fehlte es jedoch nicht an öffentlichen Interventionen, wobei in den dreißiger Jahren der Ausbau eines Rings moderner Straßen um den See herum wichtig gewesen ist. Sie haben viele traditionelle Aspekte der Landschaft umwälzend verändert, wodurch vor allem die kleinen, bezaubernden Küstenorte gelitten haben. Bis zur Mitte des 20. Jahrhunderts aber bleibt der Gardasee verträumt, wenig frequentiert, in jedem Falle nicht so durch die Initiativen der italienischen Wirtschaftshauptstadt Mailand angestachelt wie die anderen voralpinen Seen (Lago Maggiore und Lago di Como).

Eine Ansicht des Gardasees bei Manerba, im Vordergrund die «Rocca»

All das beginnt sich nach dem Zweiten Weltkrieg zu ändern. Der Wirtschaftsboom hat sofortige Auswirkungen auf den See. Die Kleinindustrie, die sich in den benachbarten Gebieten im Kontakt mit den Städten Brescia und Verona entwickelt, bringt Wohlstand und Geld; neben großen Branchenkapitänen investieren erfolgreiche Erstunternehmer ihre Ersparnisse in den Bau von Villen am See, die zum Statussymbol der entstehenden neuen Bourgeoisie avancieren, als Zeichen wirtschaftlichen Erfolges. Unmittelbar anschließend explodiert der Massentourismus; der Tourismus eines Italien, das sich motorisiert, wächst auf der Welle des «Wunders». Der Gardasee wird zum Ausbeutungsgebiet, auch weil dort jede Initiative Erfolg und sichere Zukunftsperspektiven hat. Es werden Hotels und Pensionen gebaut, Campingplätze werden eröffnet, und in den Dörfern wuchern Geschäfte und Dienstleistungsangebote jeder Art. Der Tourismus wächst und lockt auch das Ausland an. Schon bewirken viele Deutsche, die den See kennen und gerne aufsuchen, einen Anziehungsprozess, der durch steigende private Motorisierung und durch die relative Nähe des Sees zu den Städten jenseits der Alpen begünstigt wird; aber es kommen auch Holländer, Engländer und Österreicher.

Schon Ende der Sechziger Jahre erreicht die Besucherfrequenz des Sees spektakuläre und unerwartete Dimensionen: Fieberhaft wird gebaut, um der wachsenden Nachfrage nach Ansiedlung und Beherbergungsstrukturen zu entsprechen. Gleichzeitig beginnen die ersten Diskussionen darüber, wie man den Boden nutzen soll, wie man planen soll. Aber es gelingt nicht, einen dem gesamten See zugute kommenden Plan zu erstellen. Jede Gemeinde trifft ihre eigenen Entscheidungen auf der Grundlage eigener Interessen. Man geht grob vor, man denkt nur an die quantitativen Gesichtspunkte. Es genügt die Zahl. Und wer sich skeptisch oder problembewusst äußert, findet kein Gehör. Bei einem Kongress in Costermano in den Siebziger Jahren wird der Schreiber dieser Zeilen von den örtlichen Verwaltern gerügt, nur weil er sie dazu auffordert, über die Art der Entwicklung nachzudenken, die man anpacken soll, anstatt nur ‹drauflos zubauen›. Aber die Mentalität der Anlieger des Gardasees ist nun im Begriff sich zu verändern, korrumpiert sich in gewisser Hinsicht: Die Jagd nach Wohlstand, nach Geld zerstört die herkömmliche Liebe zum See, es vollzieht sich das erste Auseinanderdriften zwischen dem Menschen, der in der Vergangenheit von einem kleinen Besitz oder einer seit Generationen überlieferten Tätigkeit gelebt hatte, und dem örtlichen Ambiente.

Und trotzdem überlebt die traditionelle Wirtschaft in gewissem Ausmaß auch neben den neuen Aktivitäten. Sie belebt sich sogar in bestimmten Bereichen, die mehr mit dem Tourismus verknüpft sind, wie Weinbau und Olivenkultur. Hingegen stirbt die Zitruskultur, die einst die berühmten Bäume in das ganze habsburgische Reich bis nach Polen exportiert hatte. Die Aktivitäten erfahren tiefgreifende Umstrukturierungen, etwa der Weinbau, der, um zeitgemäßen Anforderungen gerecht zu werden, die Anbauflächen erweitern muss. Der kleine Landbesitz geht unter, und die Halbpacht verschwindet. Die Agrarlandschaft verändert sich, und nicht ohne wiederholte Misstrauenskrisen passt sich der Primärsektor den neuen Gegebenheiten an. Auf Anfangsschwierigkeiten trifft die Olivenkultur. Auf Grund der besonderen Anbaubedingungen (wir befinden uns an den nördlichen Grenzen der Olivenkultur in Europa) verursacht sie Kosten, die nicht zu vergleichen sind mit denen des in Süditalien und im Ausland produzierten Öls. Dann aber, im Zuge eines langsamen aber sicheren Prozesses der Qualitätsverbesserung, nimmt die Aktivität wieder an Umfang zu. Auch der Weinbau wächst dank der vom Gardasee-Tourismus selbst angestrebten Kommerzialisierung.

Zur gleichen Zeit aber lässt der Bauboom im Dienste des Tourismus nicht etwa nach, im Gegenteil. Hierdurch entsteht ein Zwiespalt zwischen den beiden Sektoren, welchen die Anwohner des Gardasees nicht nur nicht gelöst, sondern in seiner Schwere und Dramatik nicht einmal wahrgenommen haben. Auf der einen Seite der Tourismus, der leichte Einkünfte bringt und so ziemlich alle dazu anstachelt, sich darauf zu stürzen wie auf eine schöne Beute: auf der anderen Seite seine nicht immer leichte Vereinbarkeit mit der Verteidigung der am meisten geschätzten Aspekte der örtlichen Traditionen, mögen sie nun die Produktionstätigkeiten betreffen oder den Schutz der Besonderheiten des Gardasees, unter diesen in erster Linie die Landschaft.

Campingplatz und neuere Bauten auf der Halbinsel von Toscolano Maderno, die bis vor fünfzig Jahren ein gänzlich mit Obstplantagen und Gärten bedecktes Gebiet war.

Diese Art von Entwicklung ist über alles hinweggegangen, gefräßig und gewalttätig, wo immer es von den Regulierungsplänen genehmigt wurde, die vielleicht rigide bei der Kontrolle kleiner Unternehmungen vorgingen, jedoch wenig oder überhaupt nicht streng bei großen Projekten. Einige Daten genügen. Im Jahr 1975 gab es 6000 neue Wohnungen verglichen mit dem Anfang der Sechziger Jahre, und die Übernachtungen am See beliefen sich jährlich auf insgesamt 3,5 Millionen. Zwanzig Jahre später haben die zum vorübergehenden Aufenthalt bestimmen Wohnungen, in der Mehrheit Zweithäuser, die Zahl von 10.000 Einheiten überschritten. Die Hotels haben Ende der Achtziger Jahre die Zahl 1010 mit 50.000 Betten erreicht. Zu diesen kommt mehr als die doppelte Bettenzahl in Unterkunftsbereichen außerhalb der Hotels; die Campingplätze, darunter einige sehr große, belaufen sich auf mehr als 120. Die Aufnahmekapazitäten vermehren sich in unverhältnismäßig hoher Zahl.

Die Regionalpolitiker schließen bei ihren Plänen die Einrichtung von Parks zum Zwecke des Schutzes der Berg- und Naturgebiete nicht aus, aber ebenfalls mit geringen Folgen. Die Region Lombardei kreiert den Parco dell'Alto Garda auf der nordwestlichen Seite, eine Region im Übrigen, die schon schwerwiegend entstellt ist durch den Bau von Dörfern mit Zweithäusern und Residenzkomplexen. Diese sind besonders begehrt in einer Phase der italienischen Geschichte, die in Immobilien die besten Investitionsmöglichkeiten als Abhilfe gegen Wirtschaftskrisen sieht. Der Zement fließt in Lawinen zum See herab. Man baut an den heiligsten und gefeiertsten Orten, und die Planierraupen machen nicht einmal vor den herbsten und unzugänglichsten Plätzen Halt, Hauptsache mit Blick auf den See, die schöne blaue Fläche, die mittlerweile immer mehr für den Wassersport verwendet wird. Aber während die Segel wie ein Fest auf dem See wirken, gilt das nicht für die immer größeren, geräuschvolleren, verunreinigenden Motorboote. Nur die Provinz Trento hat am oberen See Vorkehrungen getroffen, die den Gebrauch von Motorbooten ausschließen und somit die Verschmutzung des Sees verringern. Letztere, bedingt von der hohen Siedlungsdichte, ist glücklicherweise noch nicht besorgniserregend, aber auch nach der Konstruktion von Abwasserkollektoren noch nicht gelöst.

Es fehlt nicht an Gesetzen zur Kontrolle, sei es der Bodennutzung, sei es der Abwehr der Verschmutzung und der Bewahrung der Naturschönheiten. Letztere sollten durch ein altes Gesetz vom Jahre 1939 geschützt sein. Im Jahr 1985 werden den Regionen Vorgaben zum Schutze der natürlichen Umgebungen und der Landschaft auferlegt. Aber die Wirkungen sind lachhaft; es werden keine restriktiven Normen vorgegeben, und die Gemeinden, die immer noch als einzigen Gesichtspunkt die Entwicklung der Bautätigkeit als Beweis ihres wirtschaftlichen Erfolgs betrachten, stützen sich weiterhin auf eigene Regulierungspläne. Die natürlichen Vorzüge der Umgebung werden vernachlässigt.

Schlachten toben um die Einrichtung des Parks vom Monte Baldo, des schönen Berges, der auf der nordöstlichen Seite den See überragt. Er ist berühmt wegen seiner weithin geöffneten Ausblicke und seiner herrlichen alpinen Flora, die seit dem 17. Jahrhundert Gelehrte aus ganz Europa angezogen hat. Aber alles ist vergeblich, weil die Verwaltungsbehörden ihn für nicht näher bestimmte zukünftige Projekte reservieren wollen. Eine Politik, die sich auch heute fortsetzt, trotz der ersten massiven Widerstände gegen die Invasion des Zements. Die Seeufer sind bereits alle verbaut, aber jetzt ist auch das gesamte Hinterland, der Streifen unmittelbar über dem See, einer ebenso plumpen und verunstaltenden Aggression ausgesetzt. Feriendörfer werden gebaut, Zweithäuser für die venezische und lombardische mittlere Bourgeoisie. Dazu kommt noch die Wohnungsnachfrage derer, die selbst an entfernten Orten arbeiten und das Pendeln zwischen Gardasee und Arbeitsplatz in Kauf nehmen: Ein Ausdehnungsprozess der erweiterten Stadt (der «expanded town» der amerikanischen Urbanisten), der städtischen Verbreiterung, die danach strebt, die Räume um Städte wie Verona, wie Brescia auszufüllen, in einer phasenweisen Erweiterung wegen der Bevölkerungsflucht aus den Stadtzentren. Ein simples Beispiel: Im Jahr 1951 betrug die Einwohnerzahl der Garda-

Region 80.000, heute sind es mehr als 150.000, um den See herum verteilt in einer Art einziger großer Seemetropole.

Heute existiert am See ein Unterkunftsangebot, das die tatsächliche Nachfrage bei weitem übertrifft (diese bringt übrigens jährlich 12 Millionen Übernachtende, ein fester Teilbestand im Tourismus des Landes). Das zeigt, wie sehr die Bauwirtschaft am See zu einer Art Investitionsrefugium, wie sehr das Gardasee-Gebiet zu einem Ausbeutungsrevier herabgesunken ist. Das Bauen geht wild weiter nach Kriterien, die immer noch starrköpfig auf Quantität sehen anstatt auf Qualität, um so wieder ein hohes Niveau von Kundschaft zu erreichen und eben dadurch einen besseren Schutz für Umwelt und Landschaft. Ein problematischer Aspekt ist verbunden mit der Besucherfrequenz der Deutschen, die 70 Prozent der Gardasee-Touristen ausmachen. Gelegentlich hat man von der Verdeutschung des Sees gesprochen, als ob der Gardasee eine deutsche Kolonie geworden wäre. Nein, das Gegenteil ist eingetreten: Es sind die Anwohner des Gardasees, die sich gänzlich an den ausländischen Tourismus verkauft haben, nur noch interessiert am Geldverdienen, lediglich bemüht, Kundschaft anzuziehen, und die mit dieser Zielsetzung ihre eigene Kultur, ihre eigene Landschaft verdeutschen. Wobei sie eine goldene Regel des Tourismus vergessen: Der nämlich lebt und gewinnt seine Qualität von der Verschiedenheit, von der Authentizität der Orte und von ihren kulturellen Besonderheiten. Darum beweinen die Menschen der alten Generationen den See von einst, als an seinen Ufern Stille, Ruhe, sauberes Wasser und respektvoller Tourismus herrschten.

Aber die Unternehmen am See sind nicht alle und nicht nur mit dem verknüpft, was seit jeher seine wichtigste Ressource war, nämlich sein mildes Klima und seine wunderbare Natur. Heute ist diese unvergängliche aber lädierte Ressource von anderen überlagert worden, unter ihnen Unterhaltungsparks und virtuelle Freizeitangebote vom Typ Disneyland, idiotischerweise in unmittelbarer Seenähe eröffnet – eine Initiative, die aufsehenerregende Umsätze erzielte, aber letztlich ein schon übervolles Gebiet noch mehr verstopft. Dies alles bei gleichzeitiger Einführung virtueller Mystifikationen in eine Landschaft, die als wahre Attraktion, als wahre Ressource ihre natürliche Anmut aufzuweisen hat. In «Gardaland» und «Caneva World» drängt man den Besuchern degradierte Mythen auf, etwa den amerikanischen Westen oder den Sagenschatz des Mittelalters, abgeschmackteste Videospiele vor dem Hintergrund des immer noch magisch blauen Sees.

Dann ist da noch der «Beiß zu und flieh'»-Tourismus, der eilige Besucher bringt, die sich mit einem kurzen Aufenthalt begnügen und dabei in den Sommermonaten auf den gewundenen und allzu verbauten Straßen um den See herum Verkehrsprobleme schaffen. Ein Tourismus, der wenig wirtschaftliche Vorteile bringt, aber für den man heute neue Straßen plant und dabei vergisst, dass der See zur Hälfte des Jahres in seinem ruhigen Frieden lebt, mit wenig Verkehr, in seiner zauberhaft schwebenden Atmosphäre, die auf magische Weise andere Zeiten, andere Epochen heraufbeschwört, die feinfühlige Ausländer dort glücklich verlebten, unter ihnen Schriftsteller wie Stendhal und D.H. Lawrence, die diese Gestade als den schönsten Ort der Welt bezeichneten. Man begreift nicht, dass dieses jahreszeitlich bedingte Ungleichgewicht überwunden werden kann, eben gerade indem man die am meisten geschätzten Vorzüge des Sees aufwertet, man ihn zu einem Besucherziel auch außerhalb des Sommerwahnsinns macht, wenn das gesamte Ufer voller Leute ist, zusammengedrängt auf die Häfen (wegen der Motorboote) oder auf die schmalen Streifen, die wundersamerweise noch von der Bebauung verschont geblieben sind.

Die Hügellandschaft in der Zone von Bardolino, mit der musikalischen Präsenz der nach örtlicher Tradition entlang der Straßen oder neben Herrschaftshäusern postierten Zypressen.

Alles, was in den letzten Jahren geschehen ist und in nächster Zukunft vermutlich ohne Besinnung auch so weitergehen wird, kann nur mehr als ein Prozess der Zerstörung eines Reichtums betrachtet werden, den der Gardasee einst besaß, nämlich seiner Schönheit, seines fast mediterranen Zaubers im Windschutz der Alpen. Aber weil der Gardasee ein See Europas ist, eines der Wunder Europas, wünschte man sich, dass von jenseits der Alpen laute beschwörende Rufe erschallen: gegen die unaufhaltsame Beschädigung, gegen die schmerzende Erniedrigung, die man dem See zumutet, den Goethe als «eine herrliche Naturwirkung» bezeichnet hatte.

Übersetzung: Hildegard Heydenreich

Niklas Holzberg

Heimkehr zur Geliebten: Catulls Sirmio-Gedicht

Der Schriftsteller Hans Traxler publizierte im Jahre 1963 ein Buch mit dem Titel *Die Wahrheit über Hänsel und Gretel.* Es enthält einen durch Fotografien reich dokumentierten Bericht über Ausgrabungen im Spessart, die zur Wiederentdeckung von Resten eines Lebkuchenhauses und eines Backofens mit dem darin befindlichen Skelett einer alten Frau führten. Ob professionelle Archäologen, die von dem «Fund» erfuhren, über die Satire auf ihre Tätigkeit als Ausgräber «historischer» Stätten zu lachen vermochten? Man mag daran zweifeln, wenn man Abhandlungen über die «Wiederentdeckung» von Landhäusern altrömischer Klassiker wie Cicero, Horaz oder Catull liest. Was den zuletzt Genannten betrifft – aus Verona gebürtig, lebte und dichtete er in der Mitte des 1. Jahrhunderts v. Chr. in Rom –, dürften auf jeden Fall die Stadtväter von Sirmione alles, was bisher über die angeblich in ihrer Stadt befindlichen Ruinen der *Villa di Catullo* geschrieben wurde, sehr ernst nehmen. Denn das antike Monument ist eine der wichtigsten Touristenattraktionen auf der Halbinsel, die sich vom Südende des Gardasees vier Kilometer nordwärts erstreckt. Zwar wird der Bau des antiken Wohnkomplexes, dessen Reste sich am Ostufer der Halbinsel befinden, allgemein in das 4. Jahrhundert n. Chr. datiert, aber die Archäologieprofessorin Mirabella Roberti setzt die ältesten Teile der Ruine in das 1. Jahrhundert v. Chr. Und sie sieht in ihnen die Reste von Catulls Landhaus, was sie, wie die *Neue Züricher Zeitung* vom 16. 9. 1999 vermeldete, unter anderem so begründet: «Wir haben die Tatsache, dass Catullo sich als ‹Besitzer› des Ortes bezeichnete, und jener Platz ist der würdigste auf der ganzen Halbinsel.»

Ist das über Catull Gesagte wirklich eine «Tatsache»? Und hat Martin Heumo, der Verfasser des Zeitungsartikels, Recht mit seiner Behauptung, der Vater Catulls habe «nachgewiesenermaßen ein großes Gut in Sirmione» besessen? Die Antwort auf diese Frage lautet: Es ist uns nur ein einziger Text mit einer Aussage über die Beziehung des römischen Poeten zu der Halbinsel überliefert, und dabei handelt es sich keineswegs um einen historischen Nachweis oder einen Tatsachenbericht, sondern um das in Catulls Gedichtsammlung befindliche *Carmen* 31, worin das poetische Ich, nicht der reale Autor, von all dem, was die Archäologin und der Journalist schreiben, kein Wort sagt. In dem Text des *Carmen* 31 steht lediglich dies:

Paene insularum, Sirmio, insularumque
ocelle, quascumque in liquentibus stagnis
marique uasto fert uterque Neptunus,
quam te libenter quamque laetus inuiso,
uix mi ipse credens Thuniam atque Bithunos
liquisse campos et uidere te in tuto.
o quid solutis est beatius curis,
cum mens onus reponit, ac peregrino
labore fessi uenimus larem ad nostrum,
desideratoque acquiescimus lecto?
hoc est quod unum est pro laboribus tantis.
salue, o uenusta Sirmio, atque ero gaude
gaudente, uosque, o Lydiae lacus undae,
ridete quidquid est domi cachinnorum.

Sirmio, aller Halbinseln und Inseln Augenstern, aller, die in klaren Seen und im unermesslichen Meer trägt der doppelte [d.h. Süß- und Salzwasser beherrschende] Neptun! Wie gerne und wie freudig erblick ich dich, kaum mir selbst glaubend, dass ich Thynien und die bithynischen Felder hinter mir gelassen habe und dich wohlbehalten sehe! O, was für ein größeres Glück gibt es, als von Sorgen befreit zu sein, wenn der Geist seine Bürde ablegt und wir, von Mühsal in der Fremde erschöpft, zu unserem heimischen Herd gekommen sind und im ersehnten Bett ruhen? Das ist es, was einzig die so großen Mühen aufwiegt. Sei gegrüßt, o liebliches Sirmio, und freu dich deines Herrn, der sich freut, und ihr, lydische [= etruskische] Wellen des Sees, lacht heraus alles an Gekicher, was ihr zur Verfügung habt!

Gewiss, der Ich-Sprecher, den ich von nun an der Einfachheit halber Catull nenne, redet hier von seinem «heimischen Herd» und bezeichnet sich als «Herrn» der Halbinsel, aber das lesen wir in einem Gedicht, welches in Hinkjamben verfasst ist, also zur Gattung der Spottdichtung gehört und von den zeitgenössischen Lesern schwerlich als autobiographische Äußerung des realen Autors interpretiert wurde. Womit der Dichter hier seinen Spott treibt, ist offensichtlich das Genre des pathetischen Hymnus an die Heimat, wie man ihn in der Antike im Heldenepos, in der Tragödie oder in erhabener Lyrik vernehmen konnte; ein besonders gut bekannter Text war die Begrüßung Ithakas durch den nach zwanzig Jahren zurückgekehrten Odysseus (Homer, *Odyssee* 13.356 ff.). Dass Catull einen solchen Text parodiert und damit seine Leser zum Lachen reizt, verrät er allein schon dadurch, dass er ebendieses Lachen gewissermaßen metapoetisch im Text anspricht, indem er es bereits an dessen Ende inszeniert. Dabei lässt er es regelrecht herausplatzen, indem er das lautmalerische *cacchinorum* an den Schluss des letzten von insgesamt vierzehn Hinkjamben setzt. Denn die Besonderheit dieses metrischen Systems besteht darin, dass auf fünf jambische Versfüße, also auf die fünfmalige Abfolge der Silbensequenz «kurz-lang» plötzlich ein Trochäus («lang-kurz») folgt: *ridéte quídquid ést domí cachín – nórum*. Eine wahrhaft überraschende und zugleich «krachende» Schlusspointe!

Dass die Wellen des Gardasees «lachen» können, ist nun auch das Einzige, was der aus der Fremde Zurückgekommene über den von ihm begrüßten Ort sagt, so dass wir nichts darüber erfahren, warum Catull Sirmio so hymnisch preist. Er redet die Halbinsel ja auch gar nicht konsequent als solche an, sondern an zwei Stellen des Gedichts so, als ob sie seine Geliebte wäre: «Augenstern» (*ocelle*) sagt er außer zu Sirmio in *Carmen* 51 zu seinem Freund Licinius, in den er sich gerade verliebt hat, und als «lieblich» (Vers 12: *venuste*) bezeichnet er sonst nur Personen, etwa seinen Freund Fabullus in *Carmen* 13. Die antiken Leser wußten, dass Catulls Poesie primär erotischer Natur war und dass dieser Autor auch Gedichte über Themen, die man normalerweise nicht mit Liebe und Sex in Verbindung bringt, konsequent «erotisierte». Das ergab sich für die Zeitgenossen nicht nur aus der jeweiligen Wortwahl – das erotische Innuendo ist ein ganz wesentliches Merkmal der Catullischen Sprache –, sondern auch daraus, dass durch erotische Konnotationen in einem Gedicht, welches auf den ersten Blick «jugendfrei» zu sein scheint, motivische Verbindungen zu den unmittelbar vorausgehenden und den unmittelbar folgenden hergestellt werden. Solche Zusammenhänge mussten die Zeitgenossen bemerken, da sie Gedichtsammlungen wie einen narrativen Text linear lasen – sie wickelten bekanntlich während der Lektüre eine Papyrusrolle auf –, also von *Carmen* 1 an eines nach dem anderen. Nun folgt *Carmen* 31 auf ein Gedicht an einen Freund namens Alfenus, mit dem Catull offensichtlich ein Liebesverhältnis hatte, von dem er aber betrogen wurde. Während er Alfenus vorwirft: «Du lässt mich Armen im Stich», sagt er zu Sirmio: «Wie freudig erblick ich dich» und da es vor allem sein «ersehntes Bett» ist, das ihm nach der Rückkehr an den heimischen Herd das höchste Glück schenkt, darf man folgern: Der noch im letzten Gedicht in seiner Liebe Enttäuschte erhofft sich von der Rückkehr nach Sirmio vor allem die Regeneration seines Liebeslebens.

Ein nicht lange nach dem Erscheinen von Catulls Gedichtsammlung lebender antiker Leser, dessen «response» auf die Verse über den heimischen Herd und das ersehnte Bett wir kennen, hat die erotische Konnotation des Textes eindeutig bemerkt. Es ist der Liebesdichter Tibull (ca. 50 - ca. 19 v. Chr.), der in Vers 45-48 seiner ersten Elegie den Wunsch äußert, mit der «Herrin» *(domina)* im Arm in einem Bett (*lecto* betont am Versende wie bei Catull) auszuruhen (*requiescere*). Tibull hatte, bevor er diesen intertextuellen Bezug herstellte, sicherlich schon das bei Catull auf *Carmen* 31 folgende Gedicht gelesen, in dem der Dichter eine «Herrin» direkt anredet und breit ausmalt, wie er sich das «Ausruhen» in einem Bett zum Beispiel in der Zeit nach dem *pranzo* vorstellt:

Amabo, mea dulcis ipsicilla,
meae deliciae, mei lepores,
iube ad te ueniam meridiatum.
et si iusseris, illud adiuuato,
ne quis liminis obseret tabellam,
neu tibi libeat foras abire,
sed domi maneas paresque nobis
nouem continuas fututiones.
uerum si quid ages, statim iubeto:
nam pransus iaceo et satur supinus
pertundo tunicamque palliumque.

Bitte, meine süße kleine Herrin, meine Wonne, mein Entzücken, sag, ich soll zu dir kommen zum Mittagsschlaf. Und wenn du das sagst, sorge dafür, dass keiner an der Schwelle die Tür verriegelt und du auch nicht Lust bekommst auszugehen, sondern zu Hause bleibst und für mich bereithältst neun Fickereien in direkter Folge. Aber, wenn etwas bei dir läuft, sag sofort, ich soll kommen! Denn nach dem Mittagessen liege ich da und bin satt, und in der Rückenlage durchstoße ich Hemd und Mantel.

Wer bis zum Ende von *Carmen* 31 noch dachte, das Gedicht sei ein traditioneller Heimkehrerhymnus, begreift «die Geliebte» Sirmio jetzt gewissermaßen als Präfiguration jener «süßen kleinen Herrin» – Catull könnte seine berühmte Geliebte Lesbia meinen – und sieht, worin der besondere Witz des bereits durch sein Metrum als scherzhafter Text erkennbaren Gedichtes besteht: Die Heimat, bei deren Anblick epische und tragische Helden ihr Pathos verströmen, wird in *Carmen* 31 auf ihre Funktion reduziert, ein Bett für Catulls Liebesfreuden bereitzustellen. Vielleicht dürfen wir jetzt auch eine erotische Aussage heraushören, wenn Catull sich in Vers 12 als Sirmios Herren bezeichnet. Wie gesagt, in diesem Vers finden Historiker und Archäologen, die nach der «Wahrheit über Catull und Lesbia» fahnden, den «Nachweis» dafür, dass Catull in Sirmio eine Villa besaß. Aber wenn man bedenkt, dass die Gattung «Hymnus an die Heimat» in *Carmen* 31 lediglich parodiert wird und der Text erotisch eingefärbt ist, wird man Vers 12 nicht nur im Kontext des Gedichtes betrachten, sondern zwischen dem «Herrn» Catull in diesem Vers und der «süßen kleinen Herrin» am Anfang von *Carmen* 32 eine thematische Verbindung herstellen. Dazu fühlt man sich ermuntert, wenn man bedenkt, dass die Ordnung des Geschlechtslebens im antiken Rom in erotischen Beziehungen dem Mann die Rolle des «Herrn» und der Frau bzw. dem passiven Partner in einer mann-männlichen Beziehung eine dienende Funktion zuwies. In der antiken Liebesdichtung sind diese Rollen jedoch in der Regel vertauscht, und so auch generell bei Catull, wie sich exemplarisch an *Carmen* 32 ablesen lässt: Zwar spricht Catull hier als Potenzprotz (Vers 8: *novem fututiones*), aber in der Rückenlage, in der er schon «Vorübungen» betreibt. Und damit dürfte er andeuten, dass er bereit ist, es mit der «Herrin» in der Reiterstellung zu treiben, die in der Antike als Zeichen der Unterordnung des Mannes galt, und die «Herrin» auf diese Weise wirklich als solche zu behandeln.

Liest man *Carmen* 32 unter dieser Voraussetzung – und ich meine, wir dürfen das ohne Weiteres –, dann erscheint der «Herr» über Sirmio, als den Catull sich in *Carmen* 31 präsentiert, als ein Möchtegern-Herr im Bereich des Bettes. Das schließt natürlich keineswegs aus, dass die historische Person Catull in Sirmio eine Villa besaß. Aber ich wage zu bezweifeln, dass sein Sirmio-Gedicht die Existenz dieser Villa eindeutig beweist. Denn *Carmen* 31 ist, wie ich zu zeigen versucht habe, fest im erotischen Diskurs der Catullischen Gedichtsammlung verankert, und deshalb ergibt sich immerhin die Möglichkeit, dass der Dichter die ganze Heimkehrsituation und seine «Herrschaft» über Sirmio lediglich fingiert, um eine witzige Verbindung zwischen *Carmen* 30 über seinen Liebesschmerz und *Carmen* 31 über seine Hoffnung auf Liebesfreuden herzustellen. Nehmen wir einmal an, der reale Autor Catull hatte gar keine Villa in Sirmio und seine Leser in Rom wussten das. Dann dürfte das Unbestimmte in der Aussage des Ich-Sprechers über seinen «Herd», sein «Bett» und seine Stellung als «Herr» auf der Halbinsel einfach bewirkt haben, dass Zeitgenossen über die Heimkehrerpose lachten und nicht etwa monierten, dass Catull sie fingierte. Vielleicht erklärte sich der eine oder andere Leser die Stilisierung Sirmios zu Catulls «Heimat» damit, dass die Halbinsel wie ein schmaler Stab aussieht, der sich am Ende etwas verbreitert. Denn der Dichter personifiziert nicht nur Sirmio, sondern auch das männliche Körperteil, an das die Form der Halbinsel erinnern kann (vgl. *Carmen* 94, 104, 114 und 115).

Mag sein, dass Archäologen, die gern ein Monument der Vergangenheit ausgraben, und Stadtväter, die ihren Touristen dieses gern als Sehenswürdigkeit bieten, über ein Gedicht, in dem sie einen Hinweis auf ein solches Monument zu entdecken glauben, nicht einfach nur lachen können, und schon gar nicht so «krachend», wie Catull es sich von den Wellen des Gardasees wünscht. Aber lachen können sie auf jeden Fall, wenn sie Traxlers *Wahrheit über Hänsel und Gretel* lesen. Ich denke, das Buch sollte unbedingt in mehrere Sprachen übersetzt und in den Souvenirläden nahe der *Villa di Catullo* zum Verkauf angeboten werden.

Eine veronesische Version von Catulls *Carmen* 31

Perla lustra de luce,   Sirmione mia,
fra tute le penìsole,   tute le ìsole
de mari e de lagheti,   ristreti e imensi:
quanta sodisfazion,   quanta alegria
te me meti int'el cuore!   Non me par vera
vèdar.te coi me oci,   dopo tante aque.
Cossa de mejo gh'è   del riposar.se,
infin, dal perso e dal   strassinamento
de viaji e de servizi,   int'el so leto,
tante 'olte rimpianto,   fra i so antenati?
Questo basta a pagar.me   de tanti cruzzi.
Salve, splèndida Sirmio: anca ti fà.me
Festa, anca vualtre, rive   del lago lìdio!
Orbè.me de sciantisi,   ridì, imbriaghè.me!

Aus: Gianfranco Donella-Talassi, *Catullus Veronensis*, Verona: Cierre Edizioni 1995, S. 41.

Titus Heydenreich

Von Salò ins Reich der Schatten? Otto Erich Hartleben und sein Gedicht «Das Thor» (1902)

Ein ungleiches Paar – er Leutnant, sie ein Mädchen aus dem Volk – darf sich nicht haben und geht daran zugrunde: *Rosenmontag. Offizierstragödie in fünf Akten* (UA Berlin 1900) brachte seinem Autor Otto Erich Hartleben (1864-1905) den Durchbruch zu internationaler Anerkennung. Und das große Geld.

Mit dem großen Geld leistete sich Hartleben – in Berlin schon geschätzter Autor etlicher Stücke und Erzählungen, dort und andernorts Stammgast etlicher Kneipen, der Bonvivant mit den nachdenklichen Zügen (so porträtierte ihn Peter Behrens, der befreundete Architekt, Maler und Buchdekorator), Simultangefährte von Selma Hesse und Ellen Doehn, Italien-Reisender seit 1895 – in Salò, dem Städtchen am westlichen Garda-Ufer, das er im Dezember 1901 kennen und lieben gelernt hatte, eine Villa.

Es handelte sich, genauer gesagt, um einen Doppelhauskomplex, im Frühjahr und Herbst 1902 in zwei Etappen erworben. Man betrat ihn durch den Eingang Nummer 26 der Via Cure del Lino. Eine Steintreppe führte (führt) nach wenigen Stufen links zu den ersten Wohnräumen im Parterre, nach weiteren Stufen hinunter zum Garten (s. Abb. 1), zum Seeufer (vis-à-vis: das Halbinselchen San Felice) sowie, abermals linkerhand, zu den Räumen und Loggien der Gartenebene.

Aus Briefen erfahren wir: In Haus und Garten gab es viel zu erneuern (und einige der damals gepflanzten Zypressen stehen noch heute). Das ging an die Substanz. Der Käufer musste bald wieder verkaufen – und lebte daselbst auf Mietbasis weiter. Bereits schwerkrank, hoffte Hartleben auf Linderung oder gar Heilung im seit einigen Jahren europaweit geschätzten sanften Klima der Riva Occidentale. Seine neue Bleibe nannte er Villa Halkyone. Vielleicht, weil der Eisvogel im Mythos die Winterkälte singend übersteht – und ihn die Götter für die Brutzeit mit ruhiger See und milder Witterung beschenken. 1903 gründete Hartleben die «Halkyonische Akademie für unangewandte Wissenschaften zu Salò». Ihre Mitglieder – vom Gründer kooptierte durchreisende Freunde: Künstler und *hommes de lettres* – unterwarfen sich einem aus nur zwei Paragraphen bestehenden «Grundgesetz», das vorsätzlich gar keines war, und huldigten im Übrigen dem Gott der (örtlichen) Reben mindestens ebenso wie dem Anführer der Musen.

Ein Lebensstil mit beschränkter Lebenserwartung. Schon am 11. Februar 1905 starb der seit der Adoleszenz dem Alkohol Verfallene vierzigjährig in der Villa, die die seine schon nicht mehr war.

Schon im Herbst 1910 beklagte Hans Barth (1862-1928), Halkyonier der ersten Stunde (dem Gabriele D'Annunzio später für die italienische Ausgabe seiner *Osteria. Guida spirituale delle osterie italiane da Verona a Capri*, Roma 1910, eine «prefazione» schrieb; aber das ist eine andere Geschichte), Verfall und Teilplünderung des – nicht bewohnten – Hauses. Gerhard Hauptmann, Max Halbe, Detlev Liliencron, Theodor Däubler, Otto Julius Birnbaum ... Unter den nicht wenigen Akademikern sind es beileibe wenige, deren Ruhm die ephemere Akademie überstand (obwohl sie, ortsungebunden, bis 1968 weiterbestand und fortlaufend Mitglieder aufnahm). Und wer kennt und liest heute Otto Erich Hartleben? *Hanna Jagert, Die Geschichte vom abgerissenen Knopfe, Vom gastfreien Pastor, Der römische Maler ...*: Stücke und Erzählungen, die den Stahlgewittern von 1914-18 nicht standhielten.

Abb. 1: Salò, Via Cure del Lino, 26 (Villa Alcione): die Treppe vom Hauseingang zum Garten und an das Seeufer.

So mag es anrühren, dass dem Dichter, dem aus sprachlichen Gründen Kontakte mit der örtlichen Bevölkerung und mit italienischen Literaten versagt blieben, just am Gardasee eine doppelte Renaissance zuteil wird. Seit den 80er Jahren widmeten sich mehrere am Ort entstandene Vorträge und Studien dem Leben und Werk des Halkyoniers (Pocar schon 1964; Hinterhäuser; Baccolo; Heisserer; s. Bibliographie). Und im August 2001 ergriffen die gegenwärtigen Besitzer des Anwesens, Annamaria und Giuseppe de Paoli, die Initiative zur Neugründung und Wiederbelebung der Akademie. Ihr Hauptziel, so zu lesen im notariell festgelegten Gründungsakt: «ricordare la figura artistica del poeta tedesco Otto Erich Hartleben attraverso il significato delle sue opere nel contesto letterario ad esse contemporaneo mediante incontri» (A. Mazza).

«Mediante incontri». Der unterkühlte Urkundenduktus lässt kaum ahnen, wo und wie derlei «incontri» vonstatten gehen: in Vorträgen und Diskussionen unter Freunden im Garten, wann immer das Wetter es zulässt, mit Blick auf Villa oder See, gefolgt – und auch dies gehört zum Selbstverständnis der neuen Accademia Alcionica – von einem symposialen Teil, an dem Hartleben, ohne daran zugrunde zu gehen, seine Freude gehabt hätte.

Die literarische Wiederbelebung des *Rosenmontag*-Erfolgsautors findet zusätzliche Berechtigung in dem Umstand, dass aus heutiger Sicht just die wenigen, ganz wenigen Gedichte, die Hartleben am Gardasee schrieb, inhaltlich und formal an Qualität nicht verloren haben. Sie stehen am Ende von *Meine Verse*, der 1905 posthum erschienenen *Gesammtausgabe*, und tragen Titel wie «Cunettone», «Frauenliebe», «Schneeschmelze».

Und «Das Thor»: Das einzig Schöne – die pointierte Behauptung sei gewagt –, was Hartleben je geschrieben hat. «Salò October 1902» lesen wir als Datierung. Der Anlass: Otto Erichs Einzug in die Villa; an seiner Seite: Ellen, die Geliebte.

Das Thor – Salò October 1902

Das Thor

Aus schwarzem Marmor fügten sie vornacht
das Thor
und eines seltnen Stolzes Inschrift gruben sie
auf seine Stirn. Es drängten die Jahrhunderte
an diesen Pfosten sich vorbei, das Haus zerfiel,
das Thor bestand – heut öffnet es die Flügel weit.

Auf diesen alten Schwellen lag manch träger
Staub –
heut aber sollen braundurchwobne Purpurdecken
die grauen Quadern tauchen in den Strom der
Seide
und einer Herrin wunderzarte Füsse sollen
die grossen Wandelsteine scheu auftretend
segnen . . .

Es träumt der Herbst sein reiches Fest. Es
herrscht am See
der weissen Chrysanthemen spätgeborne Pracht
und jener dunkelrothen Blätter Überfluss,
der wie ein Mantel auf den morschen Mauern
liegt –
Wo die Cypressen dort im Abendlichte glühn,
erscheint ihr Grün von Fäden dunklen Golds
durchwirkt . . .

Die reinen Stufen schreit ich Fragender hinab.

Abb. 2: Salò, Via Cure del Lino 26 (Villa Alcione): der Eingang.

Das Tor. Die von Valentin Hammermann, einem Freund, wohl nach Vorlagen von Peter Behrens angefertigten, mit schwungvollen Blumenmotiven verzierten Eisenflügel wurden erst später angebracht. Aber den neuen Hausherren mag das enigmatische Motto eines Vorbesitzers aus dem 16. Jahrhundert über dem Pfosten beeindruckt, ja beunruhigt haben: «Vive ut post vivas. MDLXV» (vgl. Abb. 2). Insgesamt freilich überrascht im Text die völlige Absenz oberflächlicher Einzugseuphorie. Vielmehr entfaltet sich vor dem Leser ein geradezu weihevoller Vorgang. Statt festlicher Ausgelassenheit bestimmt nachdenkliche Schwermut ein nahezu ‹inszeniertes› Geschehen, dessen verhaltene ‹Belichtung› samt der überwiegend dunklen Farbgebung manche Bildsujets der zeitgenössischen Symbolisten – enigmatisch ernste, üppig gewandete Frauengestalten in herbstlicher Ambiance – ins Gedächtnis rufen. (Jullian und Wilton / Upstone: passim).

Nichts im Text verweist, wie wir sehen, deutlich auf die Realität des Anwesens Via Cure del Lino und des Garda, auch nicht jenes «am See» zu Beginn der dritten Versgruppe. Und nur die Biographie des Dichters sowie die Angaben zu Ort und Entstehungszeit bedienen positivistische Informationsbedürfnisse, die sich jedoch für den Nachvollzug des Grundthemas und die Würdigung formaler Aspekte als nebensächlich erweisen.

Die prädominant dunkle Farbgebung – schwarz, grau, purpur, braun, dunkelrot, dunkelgrün und golden – begegnet in der Gestaltung von Natur, auch menschlicher Gewänder in der vorerwähnten Malerei der Zeit. Sie entspricht ferner dem, was in der italienischen Literatur des Fin de Siècle die glückliche Definition «crepuscolarismo» fand. Nirgends begegnen, wie gesagt, konkrete Verweise auf die Realität des Garda. Dennoch legt «Das Thor» die Vermutung nahe, der Dichter habe beim Bezug der Villa geahnt, hier auch dem Tode entgegenzugehen. Also eine schwermütige, mit mythischen Elementen angereicherte Verinnerlichung des neuen – und letzten – Wohnsitzes?

So besehen, erhielten der «schwarze Marmor» des Tor-Rahmens (in Wirklichkeit dunkelgrauer Stein), die bereitwillige Öffnung der Flügel, die Herbstjahreszeit, desgleichen der See, zu dem man von der Treppe aus hinabschreitet (Gottfried Benn: «Ein Wasser führt dich zum entrückten Ziel»), die Symbolik der Chrysanthemen und der Zypressen («schwarze Fackeln» in einer späteren Erzählung von Ginskey) zusätzliches, beklemmendes Gewicht. Und die anmutige «Herrin», deren Füße die Treppensteine segnen? In alten Legenden sind es die Füße heiliger Jungfrauen, die beim Auftreten Blumen zum Sprießen bringen. Aber hier? Verquicken sich in der Funktion «einer Herrin» – wie es im Text unbestimmt heißt – auch Aspekte der Thanatos-Symbolik? Bleibt auch für den Fragenden letztlich offen, ob alles Vorausgehende initiatorische Vorphasen einer Katabasis waren, eines Hinschreitens zu den Bereichen der Schatten jenseits des Wassers?

Dass Otto Erich Hartleben mit einer derartigen Archetypisierung des Gardasees nicht alleine stünde, belegt anderthalb Jahrzehnte später die Erzählung von Franz Kafka. Dem Jäger Gracchus freilich bleibt keine Frage mehr, sondern nur die Gewissheit des ewig verwehrten Ausbruchs.

Bibliographie

Otto Erich Hartleben: *Ausgewählte Werke*, 3 Bde. Berlin, S. Fischer 1911.

Ders.: *Meine Verse. Gesammtausgabe.* Berlin, S. Fischer 1905 (mit Porträt von Peter Behrens) [S. 248: «Das Thor»].

[Anonym:] *Das Mitgliederverzeichnis 1903-1950.* Halkyonische Akademie für unangewandte Wissenschaften zu Salò. [o.O.] Halkyonische Jahresgabe für 1949, im Druck vollendet im Juni 1950.

[Anonym:] «Die sterbende Halkyone», in: *Der Bote vom Gardasee. Gardasee-Fremdenblatt*, Jg. XII, Nr. 10, 4. Dezember 1910 (nach kurzer Einleitung Abdruck eines Artikels von Hans Barth aus den *Münchener Neuesten Nachrichten* vom Herbst 1910).

Giuseppe Baccolo: «Hartleben», in: *Memorie dell'Ateneo di Salò*. Vol. III, seconda serie, Brescia 1987, S. 103ff. (mit Bibliographie, S. 117).

Gottfried Benn: «Abschied», in *Statische Gedichte* ([1]1948).

Franz Karl Ginskey: *Rositta*. Leipzig, L. Staackmann 1921.

Dirk Heißerer: *Meeresbrausen Sonnenglanz. Poeten am Gardasee.* München, Diederichs 1999, S. 279ff.: «Halkyonische Tage. Otto Erich Hartleben.»

Titus Heydenreich: «Schwarze Fackeln, einsame Castelle, Kahn ohne Steuer. Der Gardasee im Blick deutschsprachiger Literaten der Jahrhundertwende», in: *Aufstieg und Krise der Vernunft.* [...] Hgg. Von Michael Rössner und Birgit Wagner [= Festschrift für Hans Hinterhäuser]. Wien etc., Böhlau 1984, S. 373ff.

Hans Hinterhäuser: «Ein Halkyonier der Jahrhundertwende am Gardasee: Otto Erich Hartleben [1984]», in: *Il Garda nella cultura europea* [...], a cura di Emanuele Kanceff, Genf, Slatkine 1986, S. 467ff. [mit weiterer Bibliographie].

Philippe Jullian: *Der Symbolismus*. Köln, Du Mont 1974 ([1]1973, London).

Attilio Mazza: «L'Accademia alcionica. Lo spirito di Hartleben. A Salò rivive l'associazione creata dal poeta tedesco.» In: *Giornale di Brescia*, 4. Juli 2002, S. 40.

Ervino Pocar: «Il Lago di Garda visto da Goethe e da altri scrittori tedeschi» [1964], in: *Il Lago di Garda. Storia di una comunità lacuale.* [...] Salò, Ateneo di Salò 1969 ([2]1973), S. 313ff.

Andrew Wilton und Robert Upstone (Hrsg.): *Der Symbolismus in England 1860-1910*. Ostfildern, Gerd Hatje 1998 [Katalog Haus der Kunst München].

Gabriele D'Annunzio

27 luglio.
La nuvola rosa, la grande nuvola alpestra, sul Baldo – di contro alla luna piena. Un cumulo di bragia palpitante. I baleni fendono il fuoco sordo. I rilievi della forma, infiammati. La cenere azzurrognola nei cavi. La luna placida. Il solco d'oro nel lago. I cipressi – i due – contro la nuvola. Le rose, gli oleandri. Il mistero del giardino. La donna.

La luna, fino a notte folta, sgombra nella parte sgombra del cielo. Poi comincia a velarsi. Poi comincia a scomparire, inghiottita. Ma il suo splendore è sempre diffuso nelle acque.

Alle 10 e 30' incomincia il tuono, come una cannonata all'inizio dell'offensiva. I lampi. Lo scroscio improvviso. L'ebbrezza della terra sitibonda che si abbevera. Il sangue febbrile che si rinfresca nelle vene ...

Il cielo d'un azzurro cristallino, d'una trasparenza vitrea. E la luna che fa opere d'argento, grandi opere di filigrana, con un'arte lieve di orafo orientale. L'argento è nuovo, lucido, fulgido.

Dal balcone scorgo il celeste lavoro tra i due alti cipressi neri: opachi e compatti a contrasto di tanta levità.

Il canto dei grilli dà alle opere aeree non so che ritmo di melodia terrestre.

25 agosto 1923, notte

Aus: Gabriele d'Annunzio, *Di me a me stesso*, a cura di Annamaria Andreoli. Milano: Mondadori 1990. S. 57.

Il Vittoriale degli Italiani
(Postkarte der 70er Jahre).

Alfonso Gatto

Un giorno al Vittoriale

GARDONE, Settembre 1946

Stando lassù, davanti al Garda, io ho pensato alla tomba di un altro poeta aperta al vento della costa francese: una tomba muta alla quale la notte poteva parlare. La vita dei poeti e degli uomini liberi non resta nelle cose, non ha letti, non ha divani, non ha cuscini e lampade, non ha biblioteche: ha strade, giardini, stazioni soprattutto, vapori. È un mondo portato di là, sino all'ultima soglia. La tomba di D'Annunzio decrepito, lassù al Vittoriale, è soltanto un bagno ingiallito, senza memorie. Pare strano che un uomo così cinico e insieme dotato di tanta fede per la sua arte non abbia avvertito il suo dovere di distruggere da ultimo l'ibrido castello monumentale dov'era vissuto, rifiutandosi la sepoltura in quelle arche di gesso. Fino all'ultimo istante aveva modo di scoprire l'ironia con cui assiduamente aveva custodito il proprio museo. Non lo ha fatto.

Di questa casa assurda, al posto del vecchio marò invecchiato che ancora si aggira all'entrata, doveva essere portiere gallonato Valentino con le sue lunghe basette di meridionale. Egli solo poteva introdurre col suo occhio languido le donne nelle piccole sagrestie del vecchietto tentennone. Questo ci dice la casa: la guerra del 1915-18: coi suoi sparsi cimeli, coi blocchi di roccia, col velivolo di Vienna che sembra ronzare nel silenzio e nel disordine del teatro incompiuto, resta sospesa come una data di cronaca, come un propizia occasione di memoria ogni giorno. Mai tanta dovizia di morte, di laguna, di notturno: mai tanto battito di frenesie. L'abitatore ha scritto con le cose appunti ovunque, per investirsi ogni giorno rapidamente delle sue stesse impressioni, quasi senza accorgersene e senza scuotere l'indifferenza di cui ha bisogno.

Di autentico resta questa sua indifferenza: soltanto a questo senso di rapido passaggio suo per la casa, per i corridoi, per i giardini, gli era possibile connettere le impressioni, forti quanto più labili, di cui aveva bisogno. Occorreva che egli ogni giorno si riproponesse il dramma, per lo meno il dialogo, di questa sua finzione.

Era forte in lui la natura: è forte vittoriosa intorno alla casa, la natura, di là dal tracciato del giardino. E se intonato a questa natura egli rimase sempre, perché non avvertì mai il disordine della propria cultura, l'impossibilità per lui del giudizio, l'arbitrio di un gusto inesperto e sperimentale? Tende di velluto, penombre, cuscini, scarabattoli, mensolette, inginocchiatoi – tutte cose finte quanto più vere in sé – equivalgono alle parole profuse e appestate del proprio profumo che fanno mostra nelle pagine di D'Annunzio più vestite e panneggiate. Ma cosa troveremo in questa casa assurda, che sia povero, arido, musicale, e che somigli all'intonato avvio de *La sera fiesolana* o anche alla celeste trasparenza narrativa di quelle pagine de *Le faville* ove Prato, il Cicognini, il ragazzo con la febbre si consumano a lungo nella più dolce apparenza terrena?

Qui tutto pesa, tutto fronteggia il buio e l'accidia: un letargo sensuale ove il silenzio, per nulla umano, ha anch'esso il passo del mezzano che sta dietro la porta e si presta al gioco. La storia, contro la natura, non esprime altro di sé che un ombroso teatro di suggestioni, di immagini emule di pensieri non chiariti, il cangiante colore dei suoi fasti. E D'Annunzio, incredulo schiavo e tiranno di storia, che aveva solo occhio per la natura, perché non ha fatto cadere questo castello che poteva avere la meraviglia di tutti, meno che la sua?

Tutte queste cose io mi sono domandato errando per i giardini e per le stanze del Vittoriale, cercando invano traccia dell'uomo che vi aveva abitato e una immagine purchessia delle sue ore. Dormiva di giorno nella «Stanza della Leda» avendo sul capo un brutto quadro di Marius Pictor, di fronte il calco d'un «Prigione» di Michelangelo e intorno maioliche, elefanti, vassoi, cuscini. Aveva messo al «Prigione» una specie di gonnella fatta con un arazzo e fermata sull'ombelico con la grossa borchia di una cintura. Diceva che la parte inferiore della statua non reggeva il confronto con quella superiore: ma in realtà egli voleva contaminare di vita falsa e strusciante quelle stesse opere ch'egli vedeva soltanto come *idee*, come *simboli* del suo titanismo verbale. Riempire, voleva, tutti i vuoti, affastellare di arredi e di suppellettili le stanze, quasi caricarle di misteriose memorie e della sua stessa cupidigia d'aver bottino. Aspettava sempre d'avere per sé la meraviglia e lo stupore degli altri, dei suoi ospiti attirati in quel fisso teatro di posa che era, ad una ad una, ogni stanza. Soltanto un uomo incredulo e indifferente poteva credere a questi effetti volgari senza essere egli stesso irrimediabilmente volgare: soltanto un uomo noioso e semplice poteva mostrarsi di continuo così intricato e spettacolare senza essere soltanto un attore.

Proprio girando nelle stanzette del Vittoriale, nel vederle così meschine e così disposte a un significato estorto a forza da ogni oggetto, abbiamo visto D'Annunzio servire, come un ironico cameriere di se stesso, l'aristocrazia scaduta e la borghesia nascente dalle sale romane fiorentine e veneziane alla fine del secolo, e dar loro i fumi dei vecchi incendi tribunizi, gli artifizi delle feste dogali, i salotti. Quale ironia può essere pronta come favella sulle labbra del poeta se non la grazia della sua interpretazione, del suo commento alle cose che mostrerà, ampliando e gestendo nel discorso, come *descrizioni*, quegli ambienti che in se stessi nulla dicono, altro che una preliminare e molto ingenua suggestione?

Certamente D'Annunzio sapeva che era lui stesso a connettere nel Vittoriale d'un qualche significato le gelide stanzette del suo albergo: lui appariva, su tutte le cose funebri e deposte, con la sua aria gialla di morto. Chi credeva in lui, chi ne subiva il fascino, poi avrebbe ricordato quella sua casa misteriosa e difficile, ove si passava dall'ombra alla penombra, dal silenzio alla musica quasi compiendo passi fatali, con la massima serietà degli uomini che sanno di prender parte ad una finzione senza voler nemmeno dubitarne. La storia italiana aveva fatto nascere dalla sua confusa tradizione rinascimentale l'assurdo albergo decadentistico cui approdavano ufficiali, politici, dame e giornalisti per veder realizzata finalmente sulla terra la poesia. Un poeta aveva finalmente scoperto per loro che la poesia era una lunga libidine di desideri accumulati nelle stanze e ognuno dipinto in figura, esteso in musica, vanificato nelle parole. Un momento di immaginazione amorosa, di vita eccezionale, di domino, come almeno una volta lo sognano tutti gli uomini sprovveduti della terra, particolarmente coloro che non ammettono pazzie e si tengono ben legati ai sensi reali, era pronto a balenare da quelle stanze. Un poeta se ne investiva ogni volta, apparendo: era insieme Faust e Mesfistofele, lo portava sulla bocca come un sorriso enigmatico, lo indicava nelle maschere appese nel suo reliquiario, sui pianoforti chiusi e profondi nella *Sala di Gasparo*, su una mano di marmo, sui fiorellini di pezza, sulla testa della Duse, sui libri intonsi, allineati nei piccoli corridoi, sugli inginocchiatoi dell'Oratorio, dovunque. Egli stesso portava un dito alla bocca: il silenzio e l'ombra erano i complici della sua finzione.

Ma solo, solo, come poteva vivere, se non aggirandosi e raggirandosi, se non cadendo nel lavoro, cioè nell'unica ragione del suo tempo che gli facesse tacere intorno la maledetta casa che egli aveva preparato soltanto per gli altri e non per sé?

Nell'«Officina» la luce, la vista del Benaco, le grandi notti fresche e stellate, gli ridavano forse, finalmente, respiro, età, stanchezza, memoria, il bisogno del tè per continuare a scrivere sino all'alba. Entrando e piegandosi per quella stessa piccola porta che doveva essere per tutti i visitatori una forca di umiltà, D'Annunzio tornava uomo; e uno dei più condannati a perpetrare la sua condizione di uomo naturale al quale manca una società e che si improvvisa tutte le patrie letterarie, archeologiche e mistiche in cui credere e far credere gli altri. Nulla gli avevano dato il successo e la fortuna: gli atti straordinari compiuti non avevano potuto suggerirgli altro che una finzione. Nulla nella sua vita era stato sufficiente a togliergli la romanzesca semplicità di meridionale allucinato, falso, toccato a volte con tenerezza presàga della sua infinita miseria. [...]

Villa Cargnacco (Photographie von Henry Thode, 1895).

Ma come non rimpiangere la vecchia villa del Cargnacco quale era sino al 1921? Era una onesta e comoda casa di lago, con le luminose finestre aperte al sole e alle stagioni: se l'avesse lasciata così, abbandonando il suo nome di comandante e i cimeli della guerra e della storia, D'Annunzio avrebbe sentito di più a sera i dolci colori e i dolci rumori della vita, quell'ineffabile silenzio che egli aveva udito a Fiesole, a Settignano, lungo l'Affrico e che ci aveva fatto ascoltare nei suoi versi e nella sua stessa voce d'uomo. [...]

Erschienen in: *La Fiera Letteraria*, 15. Dezember 1957

Franz Kafka

Der Jäger Gracchus

Vorbemerkung

Goethe – gewiss. Aber Kafka?

Und doch: Die Erzählung *Der Jäger Gracchus*, deren Text wir durch Wiederabdruck in Erinnerung bringen wollen, bietet die vermutlich eindringlichste, beklemmendste, zudem geographische Realitäten nutzende Kulisse für das Lebensthema des großen Prosaisten aus Prag. Das Thema: die Ausweglosigkeit. Die Kulisse: das von steilen Felshängen und (oft) sonnenarmem Wasser umzingelte Städtchen Riva. In Riva – damals habsburgisch wie Prag und Triest – hielt sich Kafka bekanntlich zu Kur-Zwecken auf: im Herbst (21.9.-13.10.) 1913. (Voran ging ein Kurzurlaub im September 1909.) Das waren – biographisch – die Wochen der Niedergeschlagenheit nach der (ersten) Trennung von Felice, des Gefühls, «am Ende» zu sein, die auch im Tagebuch, in Briefen an Max Brod und an Felice selbst bezeugt sind. Als Tagebucheintragung vom 21. Oktober 1913 findet sich denn auch der erste Entwurf zur späteren Erzählung. Die 1916/17 entstandene Endfassung versah Max Brod mit dem seither geläufigen Titel. Unnötig daran zu erinnern, dass der Name des Protagonisten, Gracchus, die Krähe, den Namen Kafka latinisiert. Und aus Kafka-Kommentaren und Kafka-Handbüchern erfahren wir, dass des toten/lebenden Jägers Riva-Station auf der ewigen, aussichtslosen Suche nach einem Durchschlupf zum Jenseits auch als Versinnbildlichung von Kafkas eigenem, ausweglosem Diesseitsgefühl zu lesen ist. Die im Traum ersehnte, hinaufführende Freitreppe wiederum evoziert unwillkürlich Aufstiegsbilder – nihilistisch relativiert – der jüdischen wie christlichen Mystik, aber auch bereits Jakobs – geträumte! – Himmelsleiter in *Gen.* 28, 12 ff.

Wo bleiben bei alledem die blühenden Zitronen? Eben.

Ein Vorschlag: Man lese Kafkas düstere Dekonstruktion metaphysischer Hoffnungen als Mittelteil eines Triptychons von Garda-Texten. Zur Linken *Somnii explanatio. Traumbilder vom Gardasee in S. Vigilio* (Berlin 1909) des Kunstwissenschaftlers und Schriftstellers Henry Thode (1857-1920), der zwischen 1893 und 1914 in jener Villa Cargnacco oberhalb von Gardone Riviera siedelte, die später (1921) in den Besitz von Gabriele D'Annunzio überging. *Somnii explanatio*: eine Prosa-Hymne an die humanistische Villen-Kultur, die im 16. Jahrhundert auch am Gardasee blühte – und Thode als nachzulebendes Ideal vorschwebte. Zur Rechten Kafkas: zwei Erzählungen aus *Schwindel.Gefühle* (^{1}1990) von W.G. Sebald (1944-2001): *Dr. K.s Badereise nach Riva*, ein Nachvollzug der Ereignisse, die den Gracchus-Text auslösten bzw. begleiteten, und *Il ritorno in patria*, eine scheinbare Wiederbegegnung des Autors, nach fernen Kindheitsjahren, mit seinem Allgäu-Dörfchen, bis unversehens, auf den letzten Seiten, ein Jäger ...

T. H.

Bibliographie

Franz Kafka: *Sämtliche Erzählungen*. Hrsg. von Paul Raabe. Frankfurt/ M, Fischer Taschenbuch Verlag 1970, S. 285ff.: «Der Jäger Gracchus».

W.G. Sebald: *Schwindel.Gefühle*. Frankfurt/M, Fischer Taschenbuch Verlag 1994, ^{4}2002.

Albino Tondelli: *Ai confini della Mitteleuropa. Il Sanatorium von Hartungen di Riva del Garda. Dai fratelli Mann a Kafka gli ospiti della cultura europea*. Comune di Riva del Garda. Biblioteca Civica – Museo Civico 1995, S. 243 ff.: Franz Kafka; S. 289 ff.: *Il cacciatore Gracco*.

Hartmut Binder: *Kafka – Kommentar zu sämtlichen Erzählungen*, München ^{2}1977, S. 193 ff.

Hartmut Binder (Hg.): *Kafka-Handbuch in zwei Bänden* [...]. Stuttgart 1979, Bd. 1, S. 346 f., S. 451; Bd. 2, S. 336 ff. u.ö.

Zwei Knaben saßen auf der Quaimauer und spielten Würfel. Ein Mann las eine Zeitung auf den Stufen eines Denkmals im Schatten des säbelschwingenden Helden. Ein Mädchen am Brunnen füllte Wasser in ihre Bütte. Ein Obstverkäufer lag neben seiner Ware und blickte auf den See hinaus. In der Tiefe einer Kneipe sah man durch die leeren Tür- und Fensterlöcher zwei Männer beim Wein. Der Wirt saß vorn an einem Tisch und schlummerte. Eine Barke schwebte leise, als werde sie über dem Wasser getragen, in den kleinen Hafen. Ein Mann in blauem Kittel stieg ans Land und zog die Seile durch die Ringe. Zwei andere Männer in dunklen Röcken mit Silberknöpfen trugen hinter dem Bootsmann eine Bahre, auf der unter einem großen, blumengemusterten, gefransten Seidentuch offenbar ein Mensch lag.

Auf dem Quai kümmerte sich niemand um die Ankömmlinge, selbst als sie die Bahre niederstellten, um auf den Bootsführer zu warten, der noch an den Seilen arbeitete, trat niemand heran, niemand richtete eine Frage an sie, niemand sah sie genauer an.

Der Führer wurde noch ein wenig aufgehalten durch eine Frau, die, ein Kind an der Brust, mit aufgelösten Haaren sich jetzt auf Deck zeigte. Dann kam er, wies auf ein gelbliches, zweistöckiges Haus, das sich links nahe beim Wasser geradlinig erhob, die Träger nahmen die Last auf und trugen sie durch das niedrige, aber von schlanken Säulen gebildete Tor. Ein kleiner Junge öffnete ein Fenster, bemerkte noch gerade, wie der Trupp im Haus verschwand, und schloß wieder eilig das Fenster. Auch das Tor wurde nun geschlossen, es war aus schwarzem Eichenholz sorgfältig gefügt. Ein Taubenschwarm, der bisher den Glockenturm umflogen hatte, ließ sich jetzt vor dem Hause nieder. Als werde im Hause ihre Nahrung aufbewahrt, sammelten sich die Tauben vor dem Tor. Eine flog bis zum ersten Stock auf und pickte an die Fensterscheibe. Es waren hellfarbige wohlgepflegte, lebhafte Tiere. In großem Schwung warf ihnen die Frau aus der Barke Körner hin, die sammelten sie auf und flogen dann zu der Frau hinüber.

Ein Mann im Zylinderhut mit Trauerband kam eines der schmalen, stark abfallenden Gäßchen, die zum Hafen führten, herab. Er blickte aufmerksam umher, alles bekümmerte ihn, der Anblick von Unrat in einem Winkel ließ ihn das Gesicht verzerren. Auf den Stufen des Denkmals lagen Obstschalen, er schob sie im Vorbeigehen mit seinem Stock hinunter. An der Stubentür klopfte er an, gleichzeitig nahm er den Zylinderhut in seine schwarzbehandschuhte Rechte. Gleich wurde geöffnet, wohl fünfzig kleine Knaben bildeten ein Spalier im langen Flurgang und verbeugten sich.

Der Bootsführer kam die Treppe herab, begrüßte den Herrn, führte ihn hinauf, im ersten Stockwerk umging er mit ihm den von leicht gebauten, zierlichen Loggien umgebenen Hof und beide traten, während die Knaben in respektvoller Entfernung nachdrängten, in einen kühlen, großen Raum an der Hinterseite des Hauses, dem gegenüber kein Haus mehr, sondern nur eine kahle, grauschwarze Felsenwand zu sehen war. Die Träger waren damit beschäftigt, zu Häuptern der Bahre einige lange Kerzen aufzustellen und anzuzünden, aber Licht entstand dadurch nicht, es wurden förmlich nur die früher ruhenden Schatten aufgescheucht und flackerten über die Wände. Von der Bahre war das Tuch zurückgeschlagen. Es lag dort ein Mann mit wild durcheinandergewachsenem Haar und Bart, gebräunter Haut, etwa einem Jäger gleichend. Er lag bewegungslos, scheinbar atemlos mit geschlossenen Augen da, trotzdem deutete nur die Umgebung an, daß es vielleicht ein Toter war.

Der Herr trat zur Bahre, legte eine Hand dem Daliegenden auf die Stirn, kniete dann nieder und betete. Der Bootsführer winkte den Trägern, das Zimmer zu verlassen, sie gingen hinaus, vertrieben die Knaben, die sich draußen angesammelt hatten, und schlossen die Tür. Dem Herrn schien aber auch diese Stille noch nicht zu genügen, er sah den Bootsführer an, dieser verstand und ging durch eine Seitentür ins Nebenzimmer. Sofort schlug der Mann auf der Bahre die Augen auf, wandte schmerzlich lächelnd das Gesicht dem Herrn zu und sagte: «Wer bist du?» – Der Herr erhob sich ohne weiteres Staunen aus seiner knienden Stellung und antwortete: «Der Bürgermeister von Riva.»

Der Mann auf der Bahre nickte, zeigte mit schwach ausgestrecktem Arm auf einen Sessel und sagte, nachdem der Bürgermeister seiner Einladung gefolgt war: «Ich wußte es ja, Herr Bürgermeister, aber im ersten Augenblick habe ich immer alles vergessen, alles geht mir in der Runde und es ist besser, ich frage, auch wenn ich alles weiß. Auch Sie wissen wahrscheinlich, daß ich der Jäger Gracchus bin.»

«Gewiß», sagte der Bürgermeister. «Sie wurden mir heute in der Nacht angekündigt. Wir schliefen längst. Da rief gegen Mitternacht meine Frau: ‹Salvatore›, – so heiße ich – ‹sieh die Taube am Fenster!› Es war wirklich eine Taube, aber groß wie ein Hahn. Sie flog zu meinem Ohr und sagte: ‹Morgen kommt der tote Jäger Gracchus, empfange ihn im Namen der Stadt.›»

Der Jäger nickte und zog die Zungenspitze zwischen den Lippen durch: «Ja, die Tauben fliegen vor mir her. Glauben Sie aber, Herr Bürgermeister, daß ich in Riva bleiben soll?»

«Das kann ich noch nicht sagen», antwortete der Bürgermeister. «Sind Sie tot?»

«Ja», sagte der Jäger, «wie Sie sehen. – Vor vielen Jahren, es müssen aber ungemein viel Jahre sein, stürzte ich im Schwarzwald – das ist in Deutschland – von einem Felsen, als ich eine Gemse verfolgte. Seitdem bin ich tot.»

«Aber Sie leben doch auch», sagte der Bürgermeister.

«Gewissermaßen», sagte der Jäger, «gewissermaßen lebe ich auch. Mein Todeskahn verfehlte die Fahrt, eine falsche Drehung des Steuers, ein Augenblick der Unaufmerksamkeit des Führers, eine Ablenkung durch meine wunderschöne Heimat, ich weiß nicht, was es war, nur das weiß ich, daß ich auf der Erde blieb und daß mein Kahn seither die irdischen Gewässer befährt. So reise ich, der nur in seinen Bergen leben wollte, nach meinem Tode durch alle Länder der Erde.»

«Und Sie haben keinen Teil am Jenseits?» fragte der Bürgermeister mit gerunzelter Stirne.

«Ich bin», antwortete der Jäger, «immer auf der großen Treppe, die hinaufführt. Auf dieser unendlich weiten Freitreppe treibe ich mich herum, bald oben, bald unten, bald rechts, bald links, immer in Bewegung. Aus dem Jäger ist ein Schmetterling geworden. Lachen Sie nicht.» «Ich lache nicht», verwahrte sich der Bürgermeister.

«Sehr einsichtig», sagte der Jäger. «Immer bin ich in Bewegung. Nehme ich aber den größten Aufschwung und leuchtet mir schon oben das Tor, erwache ich auf meinem alten, in irgendeinem irdischen Gewässer öde steckenden Kahn. Der Grundfehler meines einstmaligen Sterbens umgrinst mich in meiner Kajüte. Julia, die Frau des Bootsführers, klopft und bringt mir zu meiner Bahre das Morgengetränk des Landes, dessen Küste wir gerade befahren. Ich liege auf einer Holzpritsche, habe – es ist kein Vergnügen, mich zu betrachten – ein schmutziges Totenhemd an, Haar und Bart, grau und schwarz, geht unentwirrbar durcheinander, meine Beine sind mit einem großen, seidenen, blumengemusterten, langgefransten Frauentuch bedeckt. Zu meinen Häupten steht eine Kirchenkerze und leuchtet mir. An der Wand mir gegenüber ist ein kleines Bild, ein Buschmann offenbar, der mit einem Speer nach mir zielt und hinter einem großartig bemalten Schild sich möglichst deckt. Man begegnet auf Schiffen manchen dummen Darstellungen, diese ist aber eine der dümmsten. Sonst ist mein Holzkäfig ganz leer. Durch eine Luke der Seitenwand kommt die warme Luft der südlichen Nacht, und ich höre das Wasser an die alte Barke schlagen.

Hier liege ich seit damals, als ich, noch lebendiger Jäger Gracchus, zu Hause im Schwarzwald eine Gemse verfolgte und abstürzte. Alles ging der Ordnung nach. Ich verfolgte, stürzte ab, verblutete in einer Schlucht, war tot und diese Barke sollte mich ins Jenseits tragen. Ich erinnere mich noch, wie fröhlich ich mich hier auf der Pritsche ausstreckte zum erstenmal. Niemals haben die Berge solchen Gesang von mir gehört wie diese vier damals noch dämmerigen Wände.

Ich hatte gern gelebt und war gern gestorben, glücklich warf ich, ehe ich den Bord betrat, das Lumpenpack der Büchse, der Tasche, des Jagdgewehrs vor mir hinunter, das ich immer stolz getragen hatte, und in das Totenhemd schlüpfte ich wie ein Mädchen ins Hochzeitskleid. Hier lag ich und wartete. Dann geschah das Unglück.»

«Ein schlimmes Schicksal», sagte der Bürgermeister mit abwehrend erhobener Hand. «Und Sie tragen gar keine Schuld daran?»

«Keine», sagte der Jäger, «ich war Jäger, ist das etwa eine Schuld? Aufgestellt war ich als Jäger im Schwarzwald, wo es damals noch Wölfe gab. Ich lauerte auf, schoß, traf, zog das Fell ab, ist das eine Schuld? Meine Arbeit wurde gesegnet. ‹Der große Jäger vom Schwarzwald› hieß ich. Ist das eine Schuld?»

«Ich bin nicht berufen, das zu entscheiden», sagte der Bürgermeister, «doch scheint auch mir keine Schuld darin zu liegen. Aber wer trägt denn die Schuld?»

«Der Bootsmann», sagte der Jäger. «Niemand wird lesen, was ich hier schreibe, niemand wird kommen, mir zu helfen; wäre als Aufgabe gesetzt mir zu helfen, so blieben alle Türen aller Häuser geschlossen, alle Fenster geschlossen, alle liegen in den Betten, die Decken über den Kopf geschlagen, eine nächtliche Herberge die ganze Erde. Das hat guten Sinn, denn niemand weiß von mir, und wüßte er von mir, so wüßte er meinen Aufenthalt nicht, und wüßte er meinen Aufenthalt, so wüßte er mich dort nicht festzuhalten, so wüßte er nicht, wie mir zu helfen. Der Gedanke, mir helfen zu wollen, ist eine Krankheit und muß im Bett geheilt werden.

Das weiß ich und schreie also nicht, um Hilfe herbeizurufen, selbst wenn ich in Augenblicken – unbeherrscht wie ich bin, zum Beispiel gerade jetzt – sehr stark daran denke. Aber es genügt wohl zum Austreiben solcher Gedanken, wenn ich umherblicke und mir vergegenwärtige, wo ich bin und – das darf ich wohl behaupten – seit Jahrhunderten wohne.»

«Außerordentlich», sagte der Bürgermeister, «außerordentlich. – Und nun gedenken Sie bei uns in Riva zu bleiben?»

«Ich gedenke nicht», sagte der Jäger lächelnd und legte, um den Spott gutzumachen, die Hand auf das Knie des Bürgermeisters. «Ich bin hier, mehr weiß ich nicht, mehr kann ich nicht tun. Mein Kahn ist ohne Steuer, er fährt mit dem Wind, der in den untersten Regionen des Todes bläst.»

Riva zu Beginn des 20. Jahrhunderts (Postkarte).

Elena Ledda

Die Vestalinnen der Kultur des Benacus: Spezialbibliotheken am Gardasee

Das Talbecken des Gardasees bietet aufgrund verschiedener kultureller und gesellschaftlicher Traditionen eine große Fülle von Büchern und anderen Archivmaterialien, die in einem dichten Netzwerk alter und neuer Bibliotheken gesammelt und aufbewahrt sind. Den zahlreichen entlang den Ufern des Gardasees verstreuten Bibliotheken politischer Körperschaften stehen Institutionen anderen Ursprungs zur Seite, die gleichfalls als Vestalinnen unserer Kultur fungieren und aufgrund der Spezialisierung ihrer Bestände oder wegen ihrer besonderen Dienstleistungen von unschätzbarem Wert für die Welt der Wissenschaft und Forschung sind.

Einige von diesen so bedeutenden Spezialsammlungen sind einer größeren Öffentlichkeit jedoch bis heute weitgehend verborgen geblieben, was auch mit deren dem Selbstschutz dienenden Zurückhaltung zu tun haben mag. Am östlichen, nach Venedig weisenden Ufer des Gardasees gilt dies beispielsweise für die nach dem General Alberto Pariani benannte Stadtbibliothek von Malcesine, die ihre vorwiegend aus Quellen zur Geschichte der Scaliger und des Benacus bestehenden Bestände dem Vermächtnis des Oberbefehlshabers der italienischen Truppen während des Albanienfeldzugs verdankt, der sich 1940 in eben jener Stadt niedergelassen hatte. Auf derselben Seite des Sees liegt auch die Biblioteca Comunale «Pino Crescini» von Garda, deren Archivbestände mit den Namen Floreste Malfer,

Mazza sowie dem «Gruppo Ricerche Preistoriche di Garda» verknüpft sind.

Im zu Mantova gehörigen Hinterland des Gardasees verdient besondere Beachtung die Bibliothek des Museo Archeologico von Cavriana, die sich in der Villa Mirra befindet.

Auf bereits vom Trentino verwaltetem Gebiet treffen wir die Stadtbibliothek von Arco an, in der die Geschichtssammlung «Bruno Emmert», begründet in der Mitte des 19. Jahrhunderts von der gleichnamigen Familie von Buchdruckern, eine würdige Unterbringung gefunden hat. Deren Bestände gliedern sich in etwa 50 Abteilungen mit insgesamt ca. 35.000 Titeln, meist bibliographischer, bibliothekstechnischer und lokalhistorischer Thematik (besonders aus der Zeit Napoleons und des Risorgimento).

In Rovereto existieren gleich vier Bibliotheken, jede mit wertvollen Sonderbeständen: die Sammlungen der «Accademia Roveretana degli Agiati», des «Museo d'Arte moderna e contemporanea» und des «Museo storico italiano della guerra», sowie die Biblioteca Rosminiana.

Auf dem in Richtung Brescia gelegenen Ufer des Sees weist sicherlich das «Vittoriale degli Italiani» die in der Öffentlichkeit bekanntesten Bücherschätze auf. Diese sind unterteilt in «Biblioteca privata» (enthaltend die mehr als 20.000 Bände, die Gabriele D'Annunzio im Laufe seines Lebens selbst erworben hat) und «Biblioteca dannunziana» (begründet 1956; eine Sammlung der Forschungsliteratur über den großen Dichter). Daneben finden sich im Vittoriale auch noch ein «persönliches» und ein «allgemeines» Archiv; ersteres beherbergt handschriftliche Werkentwürfe und Tausende von Briefen D'Annunzios, letzteres Episteln bedeutender Persönlichkeiten vom Ende des 19. Jahrhunderts und aus der ersten Hälfte des 20. Jahrhunderts.

Nicht weniger bemerkenswert ist die in Lonato angesiedelte Bibliothek der nach dem Senator Ugo da Como benannten

Stiftung; ihr Namensgeber, privat ein Liebhaber der Geschichtsschreibung und Belletristik, war Schüler und Testamentsvollstrecker von Giuseppe Zanaradelli, mehrfach wiedergewählter Abgeordneter im italienischen Parlament, sowie Staatssekretär und Minister in den Regierungen Boselli und Nitti. Die auf acht Räume verteilte Bibliothek befindet sich im früheren Amtssitz des Bürgermeisters und stellt eine der wichtigsten Sammlungen in der ganzen Lombardei dar, bestehend aus mehr als 52.000 Bänden – von denen viele die Geschichte Brescias und des Gardasees behandeln –, ergänzt durch zahlreiche Manuskripte, Codices, Inkunabeln und Pergamente.

Gleichfalls auf der Brescia zugewandten Seite des Sees, in Desenzano, hat ihren Sitz die «Biblioteca Annibale Maria di Francia», welche dem Istituto Antoniano der Padri Rogazionisti gehört und mehr als 10.000 Bücher vorwiegend theologischen Charakters ihr Eigen nennt; in Gavardo gibt es die Bibliothek des «Museo Gruppo Grotte», das zu seinen Beständen Werke über Geologie, Paläontologie und Mineralogie zählt; in Salò schließlich existiert die Bibliothek «Luigi Vittorio Fossati Bellami», in Privatbesitz seit 1890, welche mehr als 4000 historische und belletristische Werke beherbergt, die vom bibliophilen Namenspatron gesammelt worden waren.

Eine etwas ausführlichere Betrachtung verdient das Athenäum von Salò im Palazzo Fantoni, da es von wirklich außergewöhnlicher historischer und kultureller Bedeutung ist.

Am 24. November 1543 schrieb der Humanist Jacopo Bonfadio aus Padova an den Grafen Fortunato Martinengo, «eine Akademie am Ufer der Benacus begründen zu wollen – entweder in Salò, Maderno oder Toscolano –, in welcher er sich als Geistesfürst fühlen wolle, indem er daselbst hauptsächlich im *Organon* des Aristoteles lesen werde».

Mit diesem Brief Bonfadios pflegt man die Geschichte der Akademien von Salò beginnen zu lassen, deren wichtigste und beständigste, genannt «Accademia degli Unanimi», im Laufe der Jahrhunderte zum heutigen Athenäum wurde.

Am 20. Mai 1564 erhielt die besagte Akademie auf Anregung des Giuseppe Milio, genannt «Voltolina», und achtzehn weiterer Mitglieder hin ein neues Wappen, welches einen um die Waben herumfliegenden Bienenschwarm zeigte und das Vergil entnommene Motto «Idem Ardor» trug. In den folgenden Jahren wuchs die ohnehin schon gut ausgestattete Bibliothek der Akademie durch Schenkungen der Mitglieder ständig weiter an.

1767 nahmen die «Unanimi» in ihrer Institution die vorher unabhängige Gelehrtenvereinigung «La Discorde» auf, welche ihrerseits 1764 mit der «Accademia dei Pescatori benacensi» verschmolzen war; ein Beitritt, welcher der Bibliothek der Akademie zahlreiche Bücher und Dokumente – insbesondere zur Lokalgeschichte – hinzufügte.

Im Mai 1811 erfolgte ein weiterer Einschnitt in der Entwicklung dieser Einrichtung, als die Akademie aufgrund eines napoleonischen Dekrets zu einem Athenäum umgewandelt wurde, dessen offizielle Hauptaufgabe es fortan sein sollte, «die Pflege jeder Art von Wissenschaft, der bildenden Künste und Literatur zu fördern, unter besonderer Berücksichtigung des Ackerbauwesens».

Im Jahre 1848 erwarb das Athenäum die Büchersammlung des Girolamo Amedei; 1863 erhielt es als Schenkung 400 Bücher von der Carità Laicale sowie die Privatsammlung des Priesters Francesco Saonier; 1864 wurden ihm von der Stadt Salò außer einer Bibel aus dem 13. Jahrhundert auch vier mittelalterliche Gesangbücher, die Statuten der Visconti aus dem Jahre 1396, sowie zahlreiche Dokumentabschriften vom 12. bis zum 14. Jahrhundert überlassen; 1890 erhielt das Athenäum vom Grafen Domenico De Rossini eine Vielzahl von Manuskripten und Wiegendrucken aus dem 16. Jahrhundert; 1906 schließlich kamen aus dem Nachlass des Mattia Butturini nochmals wertvolle Bücher und Manuskriptbestände hinzu.

Im Jahre 1907 wurde auf Veranlassung des Professor Bustico hin ein erstes Inventar erstellt, laut dem das Athenäum damals etwa 10.000 Bücher und etwa 2000 Broschüren besaß.

Neben den Mitgliedern der Institution trugen zum Anwachsen der Bestände derselben im Laufe des 20. Jahrhunderts auch diverse Tauschaktionen sowie weitere Schenkungen bei, wobei sich neben dem italienischen Kultusministerium auch lokale und private Körperschaften als engagierte Förderer erwiesen.

Heute nennt das Athenäum exakt 1431 Drucke aus dem 16. Jahrhundert sein Eigen, darunter seltene Ausgaben von Aristoteles, Boccaccio, Boethius, Cicero, Hesiod, Horaz, Ovid, Plautus, Plutarch, Tacitus und Vergil. Die nach dem 16. Jahrhundert erschienenen Bücher sind mehr als 21.000, ergänzt durch mehr als zweihundert in den letzten fünfzig Jahren gesammelte Zeitschriften, von denen 41 weiter abonniert sind. Besonders gut bestückt ist die Benacus-Sammlung, welche Werke über alle Aspekte der Geographie und Lokalgeschichte des Gardasees enthält.

Die nach dem 16. Jahrhundert erschienenen Werke sind heute über einen Zettelkatalog erschlossen, der Autoren, Werktitel und Signaturen verzeichnet. Die ältesten Bücher des Athenäums hingegen (jene aus dem 16. Jahrhundert) wurden bereits auf elektronische Medien nach dem neuesten Stand der Technik übertragen.

Die Bibliotheksbestände des Athenäums sind insgesamt heterogen zu nennen, da außer Büchern auch historische Dokumente sowie alte Stiche und Illustrationen vorhanden sind, die normalerweise in einem Archiv oder einem Museum zu finden wären; am wertvollsten sind darunter wohl die zahlreichen Manuskripte aufgrund der Vielzahl der aus unterschiedlichen Jahrhunderten stammenden Verfasser.

Das Archiv des Athenäums, dessen Schutzwürdigkeit 1998 vom italienischen Staat offiziell erkannt wurde, enthält Dokumente verschiedensten Inhalts vom 13. bis zum 19. Jahrhundert; gerade eben, im Jahre 2003, wurde mit der elektronischen Katalogisierung dieser Bestände begonnen, um so künftig eine bessere Konsultierbarkeit durch eine ständig anwachsende Zahl von Benutzern zu gewährleisten.

Wie 1930 von Guido Lonati verfügt, präsentiert sich das aus 3088 Aktenfaszikeln und 3213 Briefen bestehende Archiv gegliedert in vier Sektionen. Die erste davon beherbergt den «Fondo Manoscritti di Giuseppe Brunati», bestehend aus dem handschriftlichen Nachlass des gleichnamigen Abts, der Professor für Hermeneutik und Hebräisch sowie gleichzeitig Theologe und Erforscher der Kirchengeschichte war. Außer seinen Vorlesungen, Reden und Abhandlungen enthält diese Sektion auch persönliche Dokumente wie Zeugnisse und Berufungen, außerdem verschiedene Schriften über das Leben von Heiligen, Märtyrern und Kirchenvätern.

Die zweite Sektion des Archivs stellt der «Fondo Manoscritti di Butturini e Grisetti» dar: Es handelt sich hierbei größtenteils um Dokumente aus dem Nachlass der Familie Butturini (Mattia der Ältere, Mattia der Jüngere und Gaetano), zu einem geringen Teil auch um handschriftliche Aufzeichnungen von Pietro Grisetti.

Die dritte Sektion enthält den ersten Teil des «Fondo miscellaneo» mit zahlreichen öffentlichen Urkunden in Form von Faszikeln und Registern. Unter letzteren sind besonders hervorzuheben die Bürgerschaftsstatuten der Familie Visconti von der Riviera Salòs, die ebenfalls von dort stammenden Kriminalakten aus dem 14. Jahrhundert, sowie die neu aufgesetzten Statuten aus dem 16. Jahrhundert. Außerdem gibt es darin aus dem Herzogtum stammende Privilegien und Konzessionen, Prozessakten und verschiedene andere Schriften aus der Zeit zwischen dem

16. und dem 18. Jahrhundert. Von geringerem Umfang sind die im ersten Teil des «Fondo miscellaneo» aufbewahrten Privatunterlagen der Familien Rotingo und De Rossino, was auch für die Reden, Abhandlungen und Briefe der Accademia degli Unanimi, des Priesterseminar und der Carità Laicale von Salò gilt.

Die vierte Sektion des Archivs konstituiert der zweite Teil des «Fondo miscellaneo» mit Dokumenten aus dem öffentlichen Leben, wie beispielsweise Dekrete des Allgemeinen Rats von Salò und Urteile in Kriminalprozessen, die von den Inspektoren und Hauptmännern der Magnifica Patria della Riviera gefällt wurden. Außerdem finden sich dort Briefe von Annibale Caro und weitere Schriftstücke verschiedener Natur. In diese vierte Sektion fanden auch Manuskriptbände aus dem 13. Jahrhundert Eingang – unter denen eine Pergament-Bibel im Folio-Format besondere Erwähnung verdient – sowie vier Gesangbücher aus dem 15. Jahrhundert.

Das Athenäum von Salò stellt aufgrund seiner obenerwähnten, durchaus sehr heterogenen Bestände und seiner mehrhundertjährigen Geschichte heute ein besonders wertvolles Kulturgut dar, von Bedeutung für die gesamte Region des Gardasees und darüber hinaus.

Übersetzung: Thomas Stauder

Folkmar Stoecker

Costermano: Schwieriges Gedenken in idyllischem Ambiente

An den südlichen Ausläufern des Massivs Monte Baldo, auf der veronesischen Seite des Gardasees liegt, idyllisch zwischen Olivenbäumen, zypressenumsäumten Weinbergen und Obstplantagen der kleine, alte Ort Costermano. An der Südseite, auf einem schmalen Bergrücken, hoch über dem See erstreckt sich der am 6. Mai 1967 eingeweihte deutsche Soldatenfriedhof, auf dem etwa 22.000 deutsche Soldaten ihre letzte Ruhestätte gefunden haben. Die Gräber sind in langen Reihen einfacher Steinplatten, umgeben von Heidekraut, angeordnet. Eine «Ehrenhalle», ein Steinaltar mit einem hohen Kreuz und der Skulpturenschmuck mit seinem zwar schlichten, doch betont weihevollen Pathos geben Zeugnis vom Geschmack der 50er/60er Jahre – ein Stil, der sich heute vielleicht nicht mehr jedem erschließt. Das Heidekraut und einige Eichenbäume setzen einen deutschen Akzent in dieses idealtypische italienische Ambiente. Der Friedhof ist Ziel von Ausflugs-Fahrten insbesondere von Familienangehörigen der hier bestatteten Soldaten, die der Volksbund Deutscher Kriegsgräberfürsorge organisiert, unter dessen Regie die Anlage entstanden ist und der sie bis heute unterhält.

Um diesen Friedhof kam es Ende der 80er Jahre zu einer Kontroverse, die sich zu einer Debatte über den Umgang mit der jüngsten Vergangenheit im Verhältnis zwischen Deutschland und Italien insgesamt ausweitete und zeitweise das bilaterale Verhältnis zu belasten drohte. Wie ist es dazu gekommen, und was war die Entstehungsgeschichte dieses Friedhofs?

Soldatenfriedhof Costermano (Aufnahme Mai 2003).

Der Gedanke der Errichtung eines deutschen Soldatenfriedhofs entstand vor dem Hintergrund, dass während des Zweiten Weltkriegs an Tausenden von Orten gefallene deutsche Soldaten – manchmal recht provisorisch – dort beigesetzt worden waren, wo sie ihr Leben gelassen hatten: am Straßenrand, in Kampfständen oder auf Gemeindefriedhöfen. Sie auf einen größeren Friedhof umzubetten und damit eine würdigere Lösung für diesen Zustand zu finden, war Anliegen der deutschen und italienischen Regierung. Mit dem deutsch-italienischen Kriegsgräberabkommen von 1955, das die Zusammenlegung der deutschen Gefallenen auf einige wenige Soldatenfriedhöfe vorsah, wurde die Anlage eines deutschen Soldatenfriedhofs am Gardasee vereinbart; die italienische Regierung stellte den Bergrücken bei Costermano zur Verfügung. Der Volksbund

Deutsche Kriegsgräberfürsorge organisierte zwischen 1955 und 1967 die Umbettung der gefallenen Soldaten.

Die Jahre 1943 bis 1945 sind bis heute ein nicht wirklich bewältigtes Kapitel in den deutsch-italienischen Beziehungen. Italien hatte 1943 – in klarer Voraussicht des Kriegsausgangs – die Seiten gewechselt, woraufhin die deutschen Truppen im Lande des früheren Verbündeten ein hartes Besatzungsregime errichteten. Die Wehrmacht versuchte dann in verlustreichen Rückzugsgefechten, den Vormarsch der Alliierten nach ihrer Landung in Sizilien aufzuhalten. Hauptschlachtfelder in Norditalien waren die «Gotenlinie» zwischen Rimini und La Spezia, der Apennin und die Poebene.

Besonders die Partisanenkämpfe zwischen Mai 1944 und der Kapitulation April 1945 wurden mit großer Heftigkeit und Erbitterung geführt. Die Repressalien seitens der Wehrmacht gegen die zivile Bevölkerung, unter schwerer Verletzung des Völkerrechts, sind bis heute unvergessen und tauchen als Thema der öffentlichen Diskussion in Politik und Medien Italiens immer wieder auf. Die Namen der Orte, an denen Massaker oder Repressalien von deutscher Seite stattfanden – Marzabotto, San Sabba, Caiazzo, Sant'Anna und andere – sind im kollektiven Gedächtnis Italiens fest verankert.

Der Soldatenfriedhof Costermano geriet in das Licht einer breiteren Öffentlichkeit, als durch die Forschungen eines italienischen Zeitgeschichtlers Ende der 80er Jahre bekannt wurde, dass sich unter den dort Bestatteten auch drei Angehörige der SS befanden, die maßgeblich an nationalsozialistischen Verbrechen mitgewirkt haben.

Es waren dies: Christian Wirth, SS-Sturmbannführer, einer der Organisatoren des Konzentrationslagers Risiera di San Sabba bei Triest, zuvor u.a. Mitverantwortlicher an dem verbrecherischen Euthanasie-Programm, KZ-Kommandant in Treblinka und Belzec; Gottfried Schwarz, SS-Untersturmbannführer,

Stellvertreter von Wirth im KZ Belzec, auch aktiv im KZ Majdanek; und Franz Reichleitner, SS-Hauptsturmführer, Kommandant des KZ Sobibor.

In der Folge bezeichnete es der damalige deutsche Generalkonsul in Mailand, Manfred Steinkühler, vor dem Volkstrauertag 1988 öffentlichkeitswirksam als mit seinem Gewissen unvereinbar, an der traditionellen Gedenkfeier – bei der stets die Rede des Generalkonsuls im Zentrum steht – teilzunehmen. Steinkühler forderte die Tilgung der Namen der Kriegsverbrecher aus den Grabstätten und dem «Ehrenbuch» sowie Überführung der sterblichen Überreste nach Deutschland. Daraufhin weigerten sich auch die Vertreter des italienischen öffentlichen Lebens – Bürgermeister, Präfekt, Beamte, Militärs, die an der Gedenkstunde regelmäßig teilgenommen hatten – zu erscheinen.

Es entstand eine lebhafte Debatte in italienischen ebenso wie in deutschen Medien darüber, ob der Verbleib dieser Kriegsverbrecher auf einem Friedhof, der dem ehrenden Gedenken deutscher gefallener Soldaten gewidmet war, tragbar ist. Gilt die Heiligkeit der Totenruhe auch für Kriegsverbrecher? Hören Hass und Feindschaft nach dem Tode auf? Wann endet irdische Gerechtigkeit – muss man Tote entnazifizieren? Das Problem des angemessenen Umgangs mit der belasteten deutsch-italienischen Vergangenheit stellte sich in seiner ganzen Tragweite. Auch eher pragmatische Aspekte wurden diskutiert: Ist eine Umbettung der sterblichen Überreste überhaupt durchführbar, wenn es angesichts der Doppelbelegung der Gräber praktisch unmöglich ist, die Überreste eindeutig zu identifizieren?

Die Schlagzeilen in der italienischen und deutschen Presse jener Tage brachten die Irritationen zum Ausdruck: «Über den Gräbern von Costermano hängt die Vergangenheit», «Die gestörte Ruhe der Toten in Costermano», «Il console a caccia di SS», «La guerra segreta per tre salme di nazisti», «Il cimitero degli intoccabili», «Quella tomba offende l'Italia», «Ein Diplomat mit Gewissen verärgert Bonn».

Die Auseinandersetzung eskalierte, und es drohte eine ernsthafte Belastung des deutsch-italienischen Verhältnisses. Ministerpräsident Andreotti und Verteidigungsminister Zanone forderten die Bundesregierung auf, Schritte zu unternehmen, um diese Debatte zu beenden.

In den Jahren 1992/93 setzten Bundesregierung und Volksbund Deutscher Kriegsgräberfürsorge ein klares Signal: Die Namen der drei SS-Männer wurden aus dem metallenen «Ehrenbuch» getilgt; ihre Dienstgrade wurden von den Grabsteinen entfernt. Neben das große Kreuz wurde eine Bronzetafel aufgestellt, die ausdrücklich der Opfer von Krieg, Unrecht und Verfolgung gedenkt. Von einer Umbettung der Gebeine der ehemaligen SS-Angehörigen wurde allerdings wegen der Identifizierungsprobleme abgesehen; auch waren sich Auswärtiges Amt und Volksbund Deutsche Kriegsgräberfürsorge einig, grundsätzlich die Totenruhe zu respektieren.

Diese Lösung wurde von weitesten Teilen der italienischen Öffentlichkeit angenommen. Seitdem finden die jährlichen Gedenkfeiern wieder mit großer Anteilnahme – auch seitens der offiziellen italienischen Stellen und der Veteranen-Verbände – statt. Seit 1992 wird zudem vor der eigentlichen Gedenkfeier am italienischen Kriegerdenkmal des Ortes in Anwesenheit der deutschen und italienischen Gäste ein Kranz niedergelegt.

Zu der Gemeinde Costermano haben sich über den Soldatenfriedhof herzliche Beziehungen entwickelt – insbesondere zum Bürgermeister und zum Pfarrer des Ortes, mit denen die Feiern gemeinsam gestaltet werden. In den Broschüren, die die Gemeinde von Costermano für seine Besucher herausgibt, erscheint der Friedhof als «Collina della Pace».

Aus der Kontroverse um den Soldatenfriedhof Costermano bleibt als Fazit: Norditalien, Anziehungspunkt für Millionen deutscher Touristen, hat eine schmerzhafte deutsch-italienische Vergangenheit, die unter der Oberfläche bis heute virulent ist und bei entsprechendem Anlass sehr schnell wieder an die Oberfläche gelangt. Als offizieller Vertreter der Bundesregierung muss der deutsche Generalkonsul bei seiner traditionellen Rede am Volkstrauertag deutlich machen, dass der Gedanke der Versöhnung über den Gräbern nur glaubwürdig ist bei einer eindeutigen, der historischen Wahrheit verpflichteten Haltung. Im Angesicht dieses Friedhofs bedeutet das auch die Klarstellung, dass jede Ehrung nur den Opfern des Krieges gelten kann – und keinesfalls den Tätern.

Auch insoweit ist Costermano zu einem Mahnmal geworden. Der deutsche Besucher, der die Schönheit der Landschaft und der Städte, die Kunstschätze, die gute Küche und die Gastfreundschaft der Italiener genießt, sollte sich bewusst bleiben, dass mit Blick auf die geschichtlichen Ereignisse während des Zweiten Weltkrieges eine deutsche Verantwortung fortbesteht – und besondere Sensibilität gefordert ist.

Angela Barwig

Francesco De Gregori: *Il cuoco di Salò* oder «perché è la gente che fa la storia»

Alla sera vedo donne bellissime
da Venezia arrivare fin qua
E salire le scale e frusciare
come mazzi di rose
Il profumo rimane nell'aria
quando la porta si chiude
ed allora le immagino nude a aspettare

Sono attrici scappate da Roma
o cantanti non ancora famose
Che si fermano per una notte
o per una stagione
Al mattino non hanno pudore
quando scendono per colazione
puoi sentirle cantare

Se quest'acqua di lago fosse acqua di mare
Quanti pesci potrei cucinare stasera
Anche un cuoco può essere utile in una bufera,
anche in mezzo a un naufragio si deve mangiare

Che qui si fa l'Italia e si muore
Dalla parte sbagliata
in una grande giornata si muore
In una bella giornata di sole
Dalla parte sbagliata si muore

E alla sera da dietro a quei monti
si sentono colpi non troppo lontani

C'è chi dice che sono banditi
e chi dice americani
Io mi chiedo che faccia faranno
a trovarmi in cucina
e se vorranno qualcosa per cena

Se quest'acqua di lago potesse ascoltare
Quante storie potrei raccontare stasera
Quindicenni sbranati dalla primavera,
scarpe rotte che pure li tocca di andare

Che qui si fa l'Italia e si muore
Dalla parte sbagliata
in una grande giornata si muore
In una bella giornata di sole
Dalla parte sbagliata si muore
In una grande giornata si muore
Dalla parte sbagliata
In una bella giornata di sole
Qui si fa l'Italia e si muore

Geschichte ist ein zentrales Thema[1] in den Liedern Francesco De Gregoris. *Il cuoco di Salò* (2001) ist somit nur eines – wenn auch das in den letzten Jahren in der Öffentlichkeit aufsehenerregendste – von vielen Beispielen für das große Interesse des römischen Cantautore an der Geschichte und deren Einbindung in seine Canzoni. Seit den frühen Alben aus den Siebziger Jahren finden sich in De Gregoris Liedern Anspielungen und Verweise auf historische Geschehnisse der neueren und neuesten Zeit, vor allem aber auf die versteckten Personen der (Zeit-) Geschichte: Thematisiert werden in vielen Liedern De Gregoris die von der traditionellen, vor allem auf die Faktizität der Ereignisgeschichte konzentrierten Historiographie meist vergessenen ‹kleinen Leute› und die Protagonisten ohne Namen. Menschen, die nur zufällig in historische Ereignisse verwickelt werden – wie beispielsweise ein in Dritter Klasse nach Amerika reisendes

Mädchen auf der Titanic (*Titanic*, 1982), anonym bleibende Soldaten und deren Mütter im Ersten Weltkrieg (*Generale*, 1978) oder die Opfer der Bombardierung Roms am 19. Juli 1943 (*San Lorenzo*, 1982) – stellt De Gregori ebenso in den Mittelpunkt seiner Lieder wie die namenlosen Personen, die fern von der ‹großen Geschichte› Alltäglichkeit erleben – wie das den Zweiten Weltkrieg zunächst noch in naiver Vorfreude erwartende Volk in den ersten Tagen nach dem Kriegseintritt Italiens (*1940*, 1973) – oder die durch äußere Umstände dazu gezwungen werden, ihren gewohnten Alltag zu verlassen – wie z.B. einen schwerstarbeitenden Heizer (*L'abbigliamento di un fuochista*, 1982) oder die Opfer der Migration aus und nach Italien (*Pablo*, 1975; *Titanic*, 1982; *Tutti salvi*, 1985; *Natale di seconda mano*, 2001). In den Kontext dieses Interesses für die Namenlosen ist auch De Gregoris Lied über einen Koch in der faschistischen Republik von Salò einzuordnen.

De Gregori lässt sein Geschichtsverständnis, auf dem auch sein Lied *Il cuoco di Salò* basiert, nicht nur in viele seiner Canzoni einfließen, sondern er thematisiert es auch explizit in seinem programmatischen Lied *La storia* (1985), dessen wegweisende Verse De Gregoris Auffassung von der Geschichte und ihren Protagonisten *in nuce* zusammenfassen: «E poi la gente (perché è la gente che fa la storia)».

La storia ist ein Manifest der Geschichte von unten, der Geschichte des Privaten – «siamo noi / che scriviamo le lettere» verweist auf die Briefe als typische Quellen der Sozial- und Mentalitätsgeschichte –, der Geschichte des Alltags – «la storia non si ferma davvero davanti a un portone / la storia entra dentro le stanze» – und somit auch der Geschichte der Übersehenen, Ausgegrenzten und Marginalisierten – «La storia siamo noi, attenzione, nessuno si senta escluso» –, der ‹gewöhnlichen Leute› und der «uomini senza nome»[2], die erst von neueren Strömungen der Geschichtsschreibung und der sie prägenden

Historiker wie Jacques Le Goff, Georges Duby, Philippe Ariès, Paul Veyne oder Carlo Ginzburg als Protagonisten wahrgenommen werden, nachdem sie jahrhundertelang von der von offizieller Faktizität geprägten Historiographie vergessen wurden. In die Geschichte, die niemand anhalten kann, werden aber alle, so De Gregori, – also auch der Koch, der sich um das Essen der Faschisten kurz vor dem Untergang der Republik von Salò kümmert – unabhängig von ihrer sozialen Stellung und kulturellen Bildung gleichermaßen eingebunden, «quelli che hanno letto un milione di libri / e quelli che non sanno nemmeno parlare».

La storia ist als ein für das italienische Autorenlied wichtiger und einflussreicher[3] Leit-Text zu verstehen, der nicht nur die neueren Strömungen der Geschichtswissenschaft widerspiegelt, sondern vor allem auch symptomatisch für eine Tendenz der *canzone d'autore* ist, «il mondo dei vinti» (Nuto Revelli) sowie die Randfiguren und sozial Deklassierten der Geschichte und der Gesellschaft – «gente che è di casa in serie B» (Francesco Guccini) oder noch weiter unten – aus ihrem Schattendasein zu befreien. Unter den italienischen Cantautori sind es neben De Gregori vor allem Fabrizio De André und Francesco Guccini, in deren Liedern die Thematisierung der Namenlosen immer wieder in den Mittelpunkt gerückt wird.

Finden sich in *La storia* gelegentlich, wenn auch in gedämpfter, unrhetorischer Form, einige Anklänge an die Tradition der *canti politici* des späten Achtzehnten und frühen Neunzehnten Jahrhunderts und an deren Appelle an die Massen, sich zur Wehr zu setzen, so ist der einzige konkrete und explizite Hinweis auf geschichtliche Ereignisse die durch «bella ciao» direkt und durch das Verb «partiamo» indirekt markierte Anspielung auf die Resistenza. Durch die Verbindungslinien von der Generation der Väter zu derjenigen der Söhne ist die Resistenza aber in De Gregoris Lied nicht Teil einer fernen Vergangenheit, sondern sie gehört auch der Gegenwart an: «La storia siamo noi, siamo noi padri e figli, / Siamo noi, bella ciao, che partiamo».

Ebenso wie die Anknüpfung an die *canzone politica* und die *canzone sociale* von De Gregoris besonderem Interesse an dieser Tradition zeugen,[4] so ist auch die Hervorhebung der Resistenza in seiner programmatischen Canzone kein Zufall, sondern eine bewusste Betonung ihrer Bedeutung für die italienische Geschichte, aber auch für die zeitgenössische Gesellschaft, sowie ein Ausdruck von De Gregoris kontinuierlicher Auseinandersetzung mit der Epoche des Faschismus und der Zeit der Resistenza, der er auch in seiner patriotischen, gleichwohl kritischen, differenzierenden und die unterschiedlichen Bilder Italiens evozierenden Canzone *Viva l'Italia* (1979) den Vers «Viva l'Italia che resiste» gewidmet hat. In diesem Lied, das wie viele Autorenlieder zahlreiche Anspielungen auf (Zeit-)Geschichte und Aktualität enthält, legte De Gregori sein auch in anderen Zusammenhängen verdeutlichtes Konzept eines «postmodernen Patriotismus»[5] dar.

De Gregoris besonderes Interesse sowie seine Sensibilität gegenüber historischen Ereignissen und deren differenzierter Betrachtung ist auch ein persönliches, durch seine Familiengeschichte geprägtes: Sein Onkel, Francesco De Gregori, war nicht nur Partisan, sondern auch das Opfer eines der tragischsten, in Teilen noch immer ungeklärten Massakers der letzten Kriegsmonate – der «strage di Porzûs». Als Kommandant der Partisanen-Division Osoppo, Gegner einer umstrittenen Abtrennung des Friaul an Jugoslawien, wurde er zusammen mit 21 weiteren Partisanen seiner Gruppe – unter ihnen auch Guido Pasolini, der Bruder Pier Paolo Pasolinis – von Angehörigen der kommunistischen und mit jugoslawischen Gruppen verbündeten Partisanen-Division Garibaldi am 7. Februar 1945 in den Bergen des Friaul, nahe der slowenischen Grenze, umgebracht. Hintergrund der Hinrichtungen war der politische Richtungsstreit um die Zukunft des Friaul, um dessen Verbleib bei Italien oder Annexion durch das Jugoslawien Titos erbittert gekämpft wurde, und der zu einem Bruderkampf unter Partisanengruppen unterschiedlicher Orientierung eskalierte.[6] Dieses dunkle Kapitel der Geschichte der Resistenza wurde in den Neunziger Jahren neu erforscht und diskutiert.

Vor dem Hintergrund des Interesses De Gregoris an und seiner Auseinandersetzung mit der Geschichte, vor allem aber im Zusammenhang seines in *La storia* manifestierten Geschichtsbildes ist auch das 2001 im Album *Amore nel pomeriggio* veröffentlichte Lied *Il cuoco di Salò* zu sehen. Im Mittelpunkt des Liedes steht ein namenloser Koch als Beispiel für die vielen ungenannten und vergessenen Personen der Geschichte, der aus seiner eigenen, subjektiven Perspektive seine Gedanken und Impressionen über die letzten Monate der in Salò am Lago di Garda angesiedelten faschistischen Herrschaft erzählt. De Gregoris Koch ist weder Held noch Opfer, sondern ein scheinbar Unbeteiligter, der sich zunächst vor allem Gedanken um seinen von seiner Arbeit bestimmten Alltag macht, bevor er sich zur ‹großen Geschichte›, also den von außen auch zu ihm vordringenden – und ihn somit auch berührenden und einbeziehenden – Ereignissen in Salò äußert. Seine Perspektive ist dabei eine periphere, und erst durch den nahenden Untergang des Regimes und die Konfrontation mit den Toten der letzten Kriegsmonate findet auch die Makrogeschichte Eingang in seinen kleinen Mikrokosmos.

In den ersten beiden Strophen geht der Koch auf die dekadente Atmosphäre in Mussolinis Hauptstadt von Hitlers Gnaden ein und berichtet von der Präsenz unbekannter, aber wunderschöner Schauspielerinnen und Sängerinnen. Ihr vom Koch als schamlos bezeichnetes, gleichwohl als angenehm empfundenes Verhalten (worauf ein für De Gregori typisches synästhetisches Bild in der ersten Strophe verweist, in dem das Rauschen von

Rosensträußen und der Duft und die Bewegungen der Frauen miteinander verschmelzen) ist ein Hinweis auf den Opportunismus der sich in Salò im Umkreis der scheinbar Mächtigen aufhaltenden, aus Cinecittà zunächst nach Venedig geflüchteten Schauspielerinnen – etwa Doris Duranti, eine der Diven des faschistischen Regimes – und den nach Ruhm strebenden Sternchen aus der Unterhaltungsindustrie.

Nach den beiden einleitenden Strophen kommentiert der Koch in lakonischen Versen seine Funktion: Auch ein Koch kann noch in einem Sturm nützlich sein, denn auch mitten im Untergang muss gegessen werden. Nicht zufällig verwendet De Gregori, in dessen Canzoni sich vielfach intertextuelle Bezüge zu Leopardi finden, hier «naufragio» – ein kontinuierliches Motiv seines Werks[7] – für die desolate Situation von Mussolinis von den Nationalsozialisten kontrolliertem Marionettenstaat, dessen Ende auch der Koch bereits nahen sieht. Mit einer bitteren Variation – «oder» wird zu «und», ein nicht unübliches Verfahren De Gregoris[8] – von Garibaldis berühmten Worten «Si fa l'Italia o si muore» unterstreicht der Koch nicht nur die Gewissheit des Untergangs, sondern er verweist in den folgenden Versen auch auf die Menschen, die für die falsche, nämlich die faschistische Seite kämpfen und sterben. Bereits in der nächsten Strophe kommentiert der Koch die andere Seite – Partisanen, von ihm wie im Sprachgebrauch ihrer Gegner üblich, als Banditen bezeichnet, oder die näherrückenden Amerikaner –, deren Schüsse bereits hinter den Bergen zu hören sind. Auch hier geht der Koch auf das nur scheinbar banale, tatsächlich aber sehr naheliegende Problem des Essens ein, indem er sich nach der Reaktion der in seine Küche vorstoßenden Partisanen fragt.

Vor einer eindringlichen Wiederholung wichtiger und durch ihre kontrastierenden Bilder besonders ausdrucksstarker Verse in der letzten Strophe, unter denen vor allem der leitmotivisch gebrauchte Vers «Qui si fa l'Italia e si muore» hervorzuheben ist, der die letzte Strophe einleitet und abschließt, geht der Koch noch einmal explizit auf die Toten der falschen Seite ein, nämlich auf die in den letzten Kriegsmonaten von der faschistischen Herrschaft rekrutierten jugendlichen Kämpfer, die kurz vor dem Untergang in einer bereits aussichtslosen Situation noch zum Sterben geschickt wurden. Nachgestellt wird dem drastischen Bild der vom Frühling zerfleischten Fünfzehnjährigen ein nur leicht verändertes Zitat aus einem der bekanntesten antifaschistischen politischen Lieder, nämlich der Vers «scarpe rotte eppur bisogna andare» aus der von Fausto Amodei verfassten Canzone *Per i morti di Reggio Emilia* (1960).

Noch vor dem Erscheinen des Albums *Amore nel pomeriggio* im Januar 2001 wurde die Canzone *Il cuoco di Salò*, die bereits vorab von De Gregoris Plattenfirma SonyMusic im Internet veröffentlicht und mit flankierender Werbung in allen wichtigen Medien promotet wurde, Gegenstand einer Polemik, an der sich Musikkritiker und die am Autorenlied interessierte Hörerschaft beteiligten. Alsbald dehnte sie sich zu einer breiten Diskussion aus, die die bereits in den Neunziger Jahren in Italien stattgefundene und durch neue Veröffentlichungen bis heute immer wieder belebte Debatte um Faschismus, RSI und deutsche Besatzung sowie um Bedeutung, Bewertung und eine mögliche Revision jener Epoche kurzzeitig wiederaufleben ließ. Einerseits wurden fundierte, mittlerweile als Standardwerke etablierte Studien wie Lutz Klinkhammers grundlegende Arbeit *Zwischen Bündnis und Besatzung* (Tübingen: Niemeyer 1993) über das nationalsozialistische Deutschland und die Republik von Salò oder Claudio Pavones Band *Una guerra civile* (Torino: Bollati Boringhieri 1991) veröffentlicht, andererseits standen sich im Verlauf dieser Debatte auch extrem unterschiedliche Positionen entgegen: Kontrovers diskutiert wurde sowohl über das Bemühen um eine objektive, entideologisierte Analyse der historischen Ereignisse der Zeit des Faschismus, darunter auch der Resistenza, als auch über die von Seiten der Rechten, besonders aus dem Umkreis der Neofaschisten stammenden Forderungen nach einer Neubewertung des Ventennio und seines in Salò situierten Epilogs. Ehemalige Kämpfer für Mussolinis RSI wie Carlo Mazzantini (*A cercar la bella morte*, Venezia: Marsilio 1986; *I balilla andarono a Salò,* Venezia: Marsilio 1995) meldeten sich dabei ebenso zu Wort wie Angehörige der Resistenza, beispielsweise Nuto Revelli (zuletzt *Le due guerre*, Torino: Einaudi 2003).

Nur vor dem Hintergrund der Debatte um eine Neubewertung der Rolle der Resistenza und der auf der faschistischen Seite kämpfenden Soldaten, die in ihrer Intensität und öffentlichen Wirkung weit über den in Deutschland bereits in den Achtziger Jahren stattgefundenen ‹Historikerstreit› hinausgeht, ist auch das durch De Gregoris Lied provozierte Aufsehen verständlich. Ohne deswegen Polemiken hervorzurufen, hatte sich De Gregori bereits in vorangegangenen Canzoni der Siebziger Jahre nicht nur mit der Geschichte und ihren namenlosen Protagonisten, sondern auch mit der Zeit des Faschismus beschäftigt – konfrontiert wurde De Gregori damals (und bis heute immer wieder) jedoch nur mit Kritik am hermetischen Charakter seiner Canzoni.[9] *Il cuoco di Salò* ist nur das (vorläufig) letzte einer Reihe von Liedern, in denen De Gregori die faschistische Epoche thematisiert. Neben dem bereits oben erwähnten *1940*, in dem, inspiriert von der Sichtweise seiner Mutter (vgl. De Gregori: 2002, S. 54), in atmosphärisch dichten Bildern die Stimmung des Frühsommers 1940 in Italien wenige Tage nach Kriegseintritt und unmittelbar nach der Besetzung von Paris durch die deutschen Truppen evoziert wird – «E la gente che legge i giornali / sta parlando dell'uomo coi baffi, / l'altro ieri è arrivato a Parigi / E la gente cammina eccitata, / sta ridendo e pensando al domani» –, ist unter diesen Canzoni vor allem *Le storie di ieri* hervorzuheben. In diesem 1975 entstandenen Lied geht De Gregori zunächst auf den als «la mascella» bezeichneten Mussolini und die von ihm verschuldeten «troppi morti» als auch auf die RSI ein: «E i cavalli a Salò / sono morti di noia / a giocare col nero perdi sempre / Mussolini ha scritto anche poesie / i poeti che brutte creature / ogni volta che parlano è una truffa». Durch den Verweis auf die zeitgeschichtlichen neofaschistischen Bedrohungen, verkörpert durch den bereits in Salò aktiven Parteichef des MSI, Giorgio Almirante, stellt er dann die Verbindung zwischen Vergangenheit und Gegenwart her.

Wie sehr *Il cuoco di Salò* den wunden Punkt der Auseinandersetzung mit der Vergangenheit in Italien erneut berührte, machte die Aufmerksamkeit für das Lied deutlich, die durch Applaus von Anhängern der falschen Seite, nämlich von Freunden der faschistischen Republik, Ewiggestrigen und neuen Faschisten, noch erhöht wurde. Ebenso wie die in der Revisionismusdebatte ausgetauschten Positionen und Argumente eine differenzierte Betrachtungsweise erfordern, bemühten sich auch die führenden italienischen Musikkritiker wie Gino Castaldo und Mario L. Fegiz und Kommentatoren wie Michele Serra, aber auch Historiker wie Camillo Brezzi (De Gregori: 2002) und Stefano Pivato (De Gregori: 2002 und Pivato: 2002, S. 153-156) um eine ausgewogene Analyse des Liedes, die dann meist in ein Plädoyer für De Gregori und seinen Text mündete. Zu Recht wurde von ihnen auch ein in der Diskussion um den Text fast völlig übersehener Aspekt der Canzone hervorgehoben, nämlich ihre beeindruckende Wirkung auf den Zuhörer, die auf dem minimalistischen, sich auf wenige klassisch anmutende Klänge konzentrierenden musikalischen Arrangement Franco Battiatos und der eindrucksvollen Interpretation De Gregoris beruht. Im Gegensatz zu diesen, auch die künstlerische Qualität und Originalität der Canzone berücksichtigenden Stellungnahmen erntete De Gregori, bekannt als Vertreter einer Kultur und Politik der Linken und einer nationalistischen Haltung unverdächtig, sowohl von Links als auch von Rechts – dabei durchaus auch von der (neo)faschistischen extremen Rechten – für seine angeblich revisionistische Position und Aufwertung der Republik von Salò und ihrer Toten Vorwürfe beziehungsweise Lob. Die Polemik konzentrierte sich vor allem auf die unterschiedlich bewertete Frage, ob die Toten – die Partisanen der Resistenza und die faschistischen Soldaten – wirklich alle gleich seien, wie es der Vers «scarpe rotte che pure li tocca di andare» durch seine Zitierung aus der antifaschistischen Canzone *Per i morti di Reggio Emilia*, und somit, so der Vorwurf an De Gregori, einer daraus resultierenden Gleichsetzung der Gefallenen beider Seiten, zu verstehen gibt. Auch hier wurde eine bereits geführte Diskussion wieder neu belebt. Übersehen wurde in der Debatte häufig die eigentlich banale Tatsache, dass die im Lied ausgesprochenen Gedanken diejenigen eines namenlosen Kochs sind, dessen erzählendes Ich nicht mit dem Verfasser des Textes gleichzusetzen ist. Gerade durch diese Perspektivierung auf eine unpolitische Randfigur der Geschichte gelingt es De Gregori, mit seiner Canzone ein atmosphärisch dichtes Bild von der RSI zu zeichnen und gleichzeitig seine künstlerische und persönliche Kohärenz zu wahren. *Il cuoco di Salò* ist «un grido muto, da espressionismo tedesco, un grido lacerante e silenzioso sull'inutilità, sull'occasione perduta, sull'insensatezza di un periodo evitabilissimo e non evitato, sull'esaltazione pilotata, ingannevole e incolpevole di alcuni, di molti giovani» (Roberto Vecchioni: 2003).

De Gregoris Lied als Ausdruck der Auseinandersetzung mit der faschistischen Vergangenheit ist nur ein Beispiel für die literarische Verarbeitung der Geschichte in Italien vor allem seit den Neunziger Jahren. Wie tief die Wunde und der Wunsch nach Beschäftigung mit der faschistischen Vergangenheit ist, zeigt auch das große Interesse jüngerer Autoren an der RSI, die ihre Romane in der Zeit von Salò situieren und dabei auch

Fragen nach Schuld und Verantwortung thematisieren, wie beispielsweise Carlo Lucarelli in seiner Romantrilogie *Carta bianca* (Palermo: Sellerio 1990), *L'estate torbida* (Palermo: Sellerio 1991) und *Via delle oche* (Palermo: Sellerio 1996) oder Simona Vinci in ihrem Roman *Come prima delle madri* (Torino: Einaudi 2003).

De Gregori selbst, bekannt für seine Scheu vor der Öffentlichkeit und für die Ablehnung einer Kommentierung seiner eigenen Lieder, präzisierte im Rahmen der im Februar 2001 in Arezzo stattgefundenen Tagung *Comunicare Storia* nicht nur seinen Standpunkt zum Verhältnis zwischen Geschichte und Lied, sondern ging in seinen später in einer historischen Fachzeitschrift veröffentlichten Ausführungen *La storia siamo noi: ovvero conoscere il passato attraverso le canzoni*[10] auch explizit auf *Il cuoco di Salò* und die Polemik um das Lied ein. In seiner Stellungnahme (De Gregori: 2002, S. 54-57), in der er sich als Mann der Linken mit einer klaren Vorstellung über die historische, politische und moralische Bewertung des Faschismus und der Republik von Salò bezeichnet, weist De Gregori darauf hin, dass *Il cuoco di Salò* kein politisches Lied sei, keine Position beziehe und somit auch die Republik von Salò nicht beurteile, sondern nur objektiv stattgefundene Geschehnisse erzähle. Ein Lied, so De Gregori, sei nicht der Ort für Rechtfertigungen der Geschichte und ihrer Protagonisten. Dass aber eine Canzone, häufig Spiegel der eigenen Zeit, nicht nur Emotionen evoziert, sondern auch Anlass für eine Auseinandersetzung mit der (Zeit-) Geschichte sein kann, hat De Gregori mit *Il cuoco di Salò* eindrucksvoll bewiesen.

Literaturhinweise

Bertoldi, Silvio: *Salò. Vita e morte della Repubblica Sociale Italiana.* Milano: Rizzoli 1978.

Castaldo, Gino: «Il ritorno di De Gregori e i morti di Salò». In: *La Repubblica* (12.1.2001).

De Gregori, Francesco: «La storia siamo noi: ovvero conoscere il passato attraverso le canzoni». In: *Storia e problemi contemporanei* (fascicolo 29 / gennaio – aprile 2002), S. 45-61.

Fegiz, Mario L.: «De Gregori, il nuovo brano ‹rivede› Salò». In: *Corriere della Sera* (12.1.2001).

Heydenreich, Titus: «‹L'Italia con gli occhi asciutti / nella notte scura›. Postmoderner Patriotismus bei Francesco De Gregori und einigen anderen». In: Frank Baasner (Hg.): *Poesia cantata.* Tübingen: Niemeyer 1997, S. 102-114.

Klinkhammer, Lutz: *Zwischen Bündnis und Besatzung. Das nationalsozialistische Deutschland und die Republik von Salò 1943-1945.* Tübingen: Niemeyer 1993. (It.: *L'occupazione tedesca in Italia. 1943 – 1945.* Torino: Bollati Boringhieri 1993.)

Le Goff, Jacques / Roger Chartier / Jacques Revel (Hg.): *Die Rückeroberung des historischen Denkens. Grundlagen der Neuen Geschichtswissenschaft.* Frankfurt / Main: Fischer 1990. (Vgl. darin bes. Jean-Claude Schmitt: «Die Geschichte der Außenseiter», S. 201-243).

Le Goff, Jacques / Pierre Nora (Hg.): *Fare storia. Temi e metodi della nuova storiografia.* Torino: Einaudi 1981.

Lepre, Aurelio: *La storia della Repubblica di Mussolini. Salò: Il tempo dell'odio e della violenza.* Milano: Mondadori 1999.

Lo Cascio, Giorgio: *De Gregori.* Padova: Muzzio 1990.

Monicelli, Mino: *La Repubblica di Salò.* Roma: Newton Compton 1995.

Pasolini, Pier Paolo: «Mio fratello (15.7.1961)». In: *Le belle bandiere. Dialoghi 1960 – 1965* (a cura di Gian Carlo Ferretti). Roma: Editori Riuniti ²1996, S. 138-140.

Pavone, Claudio: *Una guerra civile. Saggio storico sulla moralità nella Resistenza*. Torino: Bollati Boringhieri 1991.

Peroni, Marco: *Il nostro concerto. La storia contemporanea tra musica leggera e canzone popolare*. Milano: La Nuova Italia 2001.

Pivato, Stefano: *La storia leggera. L'uso pubblico della storia nella canzone italiana*. Bologna: Il Mulino 2002.

Serra, Michele: «Ma adesso salvatelo dalla rissa politica». In: *La Repubblica* (12.1.2001).

Vecchioni, Roberto: *Il linguaggio in canzone e la rivoluzione lessicale, formale e tematica di Francesco De Gregori*. (Vorlesung an der Universität Turin im Sommersemester 2003 im Rahmen seines Kurses *Forme della poesia per musica*; Prof. Roberto Vecchioni danke ich für die Überlassung seines unveröffentlichten Vorlesungsmanuskripts und für seine mündlichen Erläuterungen.)

Anmerkungen

1 Vgl. zur Thematisierung von Geschichte im italienischen Lied die fundierte Studie von Stefano Pivato (2002).

2 Francesco De Gregori: *Il suono delle campane* (1995). Dieses gemeinsam mit Mimmo Locasciulli (Musik) verfasste Lied, dessen Text aus einer anaphorischen Aneinanderreihung von mit «Uomini senza...» beginnenden Versen besteht, ist eines der eindringlichsten Beispiele von De Gregoris Thematisierung der namenlosen Menschen in Geschichte und Alltag.

3 *La storia* ist für das italienische Autorenlied von großer Bedeutung als «manifesto di una canzone che muta radicalmente protagonisti, soggetti e situazioni della canzone italiana, [che] muta anche gli strumenti di comunicazione dei quali i protagonisti delle canzoni si servono per narrare le proprie storie.» (Pivato: 2002, S. 111 f.). Auch der Historiker Camillo Brezzi spricht von «una sorta di nostro manifesto, in quanto viene sottolineata una storia a tutto tondo, una storia appunto non solo dei grandi eventi, ma nella quale ci sentiamo rappresentati tutti, ci sono i soggetti nella loro pluralità.» (In: De Gregari: 2002, S. 53.) Roberto Vecchioni bezeichnet *La storia* in

seiner Vorlesung als «una delle più alte e popolari ricerche del senso comune, del vivere assieme che la canzone d'autore abbia mai prodotto [...], canzone manifesto di una condizione umana universale, non particolare.»

4 Vgl. u.a. die Aufnahmen historischer sozialer und politischer Lieder in De Gregoris neuestem, zusammen mit Giovanna Marini veröffentlichten Album *Il fischio del vapore* (2002), De Gregoris Interpretation von *L'attentato su Togliatti* im Live-Album *Fuoco amico* (2002) sowie die Adaption des friulanischen Liedes *Stelutis Alpinis* im Album *Prendere e lasciare* (1997). Die Interpretationen von älteren sozialen und politischen Liedern sind Ausdruck von De Gregoris großem Interesse an dieser Tradition, auf das er zuletzt auch in seinem Artikel *La storia siamo noi: ovvero conoscere il passato attraverso le canzoni* hinwies.

5 Vgl. Heydenreich (1997). De Gregori selbst spricht häufig von Patriotismus, so auch im Zusammenhang seines Albums *Il fischio del vapore*: «È un disco patriottico. [...] So che è scomodo per uno di sinistra nominare la parola Patria, ma io l'ho già fatto anni fa e non me ne vergogno.» (In: *Avvenire*, 25.2.2003).

6 Vgl. zu den Ereignissen um Porzûs u.a. den Film *Porzûs* (1997) von Renzo Martinelli, der die Diskussion um das Massaker neu belebte, sowie Sergio Gervasutti: *Il giorno nero di Porzûs. La stagione della Osoppo*. Venezia: Marsilio 1997. Vgl. zu den Hintergründen auch Pasolini (1961).

7 Vgl. vor allem De Gregoris Lieder *Titanic* (1982), *I muscoli del capitano* (1982), *Sotto le stelle del Messico a trapanar* (1985) und seine Interpretation (2002) der Canzone *Il tragico naufragio della nave Sirio* (unbekannter Verfasser).

8 Bereits im Titel seines Albums *Prendere e lasicare* (1997) variierte De Gregori di Redewendung «Prendere o lasciare».

9 Vgl. dazu besonders den häufig zitierten Artikel von Giaime Pintor: «De Gregori non è nobel, è Rimmel» (1975). In: *Lo Cascio* (1990), S. 165-170.

10 Vgl. De Gregori (2002). Der Text wurde 2002 auch auf der offiziellen Website von De Gregori (www.sonymusic.it/degregori) im Internet veröffentlicht, inzwischen aber wieder entfernt.

Pino Mongiello

«Faulige Gewässer und ein finsteres Regime»: Ein Zentrum zur Erforschung der *Repubblica Sociale Italiana*

Carlo Lucarelli, der erfolgreiche Verfasser von Krimis, der sich daneben aber auch sehr für die Geschichte des Faschismus in Italien interessiert, schrieb vor nicht allzu langer Zeit (genauer gesagt, am 2.9.2001) in der Tageszeitung *La Repubblica*:

> Die Geschichte unseres Landes wäre einem anderem Ablauf gefolgt, wenn die *Repubblica Sociale Italiana* statt Salò beispielsweise Neapel zur Hauptstadt gehabt hätte. Die geographische Umgebung und das Klima haben einen nicht zu vernachlässigenden Einfluss auf Personen und Ereignisse. Meines Erachtens konnte die finstere Endphase des Zweiten Weltkriegs in dieser Form nur im Norden Italiens stattfinden, insbesondere in einer regnerischen und nebligen Region wie der des Gardasees. Die bisweilen fauligen Gewässer des Sees können auch zur Verschleierung des Verbrechens dienen.

Bei allem Verständnis für die Freiheit des Schriftstellers kann eine derartige auf Vorurteilen beruhende Ungeheuerlichkeit nicht unwidersprochen bleiben. Lucarelli ließe sich entgegenhalten, dass vor ihm bereits eine große Zahl illustrer Autoren ganz andere Urteile über diesen See formuliert hat. Selbst heute noch, in unserer spätindustriellen und von Touristenströmen geprägten Zeit, trifft das Bild vom «strahlendblauen Gardasee» aufgrund der guten Wasserqualität weiterhin zu.

Mit Verlaub darf also behauptet werden, dass der Gardasee trotz des norditalienischen Klimas in der Regel einen lichtdurchfluteten Anblick bietet, der sich Lucarelli während seiner kurzen Aufenthalte dort vielleicht zufällig niemals dargeboten hat.

Aber natürlich ist die Geschichte des Gardasees getrennt von seinem ästhetischen Reiz zu sehen. Und es ist in der Tat wahr, dass die Zeit des Faschismus, und innerhalb derselben insbesondere die Phase der *RSI*, zahlreiche Schattenseiten und dunkle Stellen aufweist; offene Fragen, die bis heute weiter diskutiert werden.

Während der letzten 57 Jahre fungierte der Name der Stadt Salò deshalb in der öffentlichen Meinung als Symbol alles Bösen, dessen sich der italienische Faschismus in den letzten Kriegsjahren schuldig machte.

Trotz der Verlegenheit, welche der Name Salò bis heute im Bewusstsein der Italiener auslöst, hat diese Stadt auch viele Menschen neugierig gemacht, was zum Teil mit geschichtlichem Revisionismus zu tun haben mag, vor allem aber mit ihrer finster-geheimnisvollen Aura zusammenhängt. Salò löst bei vielen Italienern das uneingestandene Bedürfnis aus, intime Details aus dem Leben eines gleichermaßen berühmten wie verzweifelten Liebespaares zu erfahren: Benito Mussolini und Claretta Petacci. Auf diese Weise tritt an die Stelle der großen Weltgeschichte die indiskrete Gesellschaftschronik, der Blick durch das Schlüsselloch in das Privatleben eines in Auflösung befindlichen Regimes.

Diese Haltung der italienischen Gesellschaft gilt es zunächst einmal als empirisch feststellbares Phänomen der Massenpsychologie zu akzeptieren; die Stadtverwaltung von Salò hat bereits im Jahr 1984 insofern darauf reagiert, als sie damals die Einrichtung eines wissenschaftlichen Beirats zur ideologisch unvoreingenommenen Erforschung der Geschichte der *RSI* vorschlug. Die konkrete Anregung hierzu war von einem in *La Repubblica* erschienenen Artikel von Silvia Giacomoni ausgegangen, worin sie den Lokalpolitikern von Salò empfohlen hatte, aus der politischen Belastung des Stadtnamens ein positives Kapital zu schlagen.

Durch die Gründung eines Museums oder eine ähnliche Initiative müsse es doch möglich sein, so damals Giacomoni, dem Gegenstand des Faschismus eine kulturhistorische Würde zu verleihen und dadurch ein internationales Publikum anzuziehen, das sich für die Verwicklung der Stadt in die Ereignisse der letzten Kriegsjahre interessiere. Diese Frage wurde in der Folge im Stadtrat diskutiert, was zu einem einstimmigen Beschluss aller darin vertretenen Parteien führte.

Am 16. Februar 1984 stimmten solcherart in Salò Angehörige der Democrazia Cristiana, Sozialisten, Kommunisten, Sozialdemokraten, Liberale und *MSI*-Mitglieder einem Grundsatzantrag zu, der von Prof. Roberto Chiarini formuliert wurde und dem Stadtrat von dem Verfasser des vorliegenden Beitrags in seiner Eigenschaft als Kulturassessor vorgelegt wurde. Die Präambel dieses Antrags lautete folgendermaßen:

> Im kommenden Jahr [gemeint war 1985] jährt sich zum vierzigsten Mal die Befreiung Italiens vom Faschismus, ein Anniversarium, das für unsere Stadt eine wichtige Chance darstellt, die es nicht zu versäumen gilt. Unsere Aufgabe ist es, eines der dramatischsten und schmerzlichsten Kapitel unserer nationalen Geschichte aufzuarbeiten, unabhängig vom persönlichen Werturteil über diese Epoche. Der zeitliche Abstand erlaubt es uns, ein ausgewogenes Urteil über jene Jahre zu fällen, nachdem viele Wunden mittlerweile verheilt sind.

Die Einmütigkeit der Stadträte von Salò reichte jedoch damals nicht aus, um mit der Verwirklichung dieses Projekts beginnen zu können. Wer dies verhinderte, war einerseits die in Brescia ansässige Fondazione Micheletti, die eifersüchtig darauf bedacht war, ihre Bedeutung als mit der Aufarbeitung dieser Ereignisse betraute Institution nicht geschmälert zu sehen, andererseits die Associazione Nazionale dei Partigiani Italiani (*ANPI*), die befürchtete, eine derartige von Salò ausgehende Initiative könne eine unerwünschte Faschismus-Nostalgie auslösen.

Zehn Jahre später wurde ein neuer Anlauf unternommen, das tabubeladene Thema der *RSI* endlich auf angemessene Art zu behandeln. Im damaligen Wahlkampf nahmen alle im Stadtrat vertretenen politischen Kräfte diese Verpflichtung in ihr Programm auf. War dies ein Zeichen einer neuen geistigen Öffnung, eines Siegs über alte Ängste? Dies zu behaupten, wäre übertrieben, denn wer das Projekt damals beschleunigte, war der regionale Kulturassessor Marzio Tremaglia, der einer lombardischen Mitte-Rechts-Regierung angehörte und deshalb wohl ideologische Gründe für sein Vorgehen hatte.

Politische Interessen hatten jedoch beim ursprünglichen Vorhaben des Stadtrats von Salò keine Rolle gespielt, genauso wenig wie es sich dabei um einen Versuch der Anbiederung bei den Ewiggestrigen gehandelt hatte. Als am 5. September 1996 die Regierung der Region Lombardei auf Vorschlag des Assessors Tremaglia von sich aus die Mitglieder eines künftigen wissenschaftlichen Beirats zur Aufarbeitung der Lokalgeschichte des Gardasees benannte, verweigerte sich die Comune von Salò folglich diesem aufgezwungenen Vorhaben und machte einen eigenen Gegenvorschlag.

Im Mai 1997 wurde dieses Projekt der Öffentlichkeit präsentiert, wobei erstmals von einem «Centro Studi e Documentazione sul periodo storico della *RSI*» die Rede war. Man sah also von einem Museum ab, dessen Reliquien einen unerwünschten Typ von Pilger anziehen würden. Ein Studienzentrum schien sehr viel besser geeignet, eine sachliche Auseinandersetzung mit der Epoche des Faschismus zu gewährleisten.

Marzio Tremaglia ließ sich hiervon überzeugen. Ein Telefongespräch zwischen Vittorio Pirlo und Mirco Tremaglia, dem Vater des regionalen Kulturassessors, hatte den Weg zu dieser Übereinkunft geebnet. Am 15. September 1997 wurden in

Bergamo im Anwaltsbüro Tremaglias die Grundzüge eines Vertrag zwischen der Stadt Salò und der Region Lombardei aufgesetzt, welcher die Aufgaben des künftigen Centro Studi definieren sollte; drei Seiten, die der Regionalassessor eigenhändig niederschrieb.

Damit war das Wichtigste bereits erledigt. In den weiteren Bemühungen aller Beteiligten ging es dann nur noch darum, jedes Wort und jeden Gedanken dieses Vertrags mit Bedacht auszuwählen und gegen mögliche Fehlinterpretationen abzusichern. Beispielsweise legte die Stadt Salò Wert darauf, dass das Studienzentrum keineswegs ausschließlich für die *Repubblica Sociale Italiana* zuständig sein sollte, sondern für alle historischen Ereignisse in Italien zur Zeit der *RSI* – eine kleine, aber wichtige Differenzierung.

STATUTO

Art. 1: Denominazione – sede – durata

E' costituita, ai sensi dell'art. 14 e seguenti del codice civile, l'Associazione «CENTRO STUDI E DOCUMENTAZIONE SUL PERIODO STORICO DELLA R.S.I.» con sede in Salò via Fantoni n. 49 (Palazzo Fantoni).

L'Associazione non ha scopi di lucro e svolge la sua attività prevalentemente nell'ambito del territorio regionale lombardo. La durata dell'Associazione e fissata fino al 31 dicembre 2050, salvo proroga o anticipato scioglimento deliberato dall'Assemblea dei Soci.

Art. 2: Scopi

L'Associazione ha per scopo la ricerca scientifica, l'approfondimento culturale, l'acquisizione di ogni documentazione esistente sulla Repubblica Sociale Italiana sul contestuale periodo storico, sulle istituzioni e le vicende proprie di tale esperienza storica, con particolare riferimento alla incidenza che tali fatti e avvenimenti ebbero nel territorio del Nord

Italia, nonché nel comprensorio del Garda. Tutto ciò in uno spirito di rigorosa analisi storica, al fine di pervenire alla più completa ricostruzione dei fatti.

L'Associazione intende promuovere ed attuare lo studio, la ricerca e la documentazione.

L'Associazione favorisce attività e iniziative che siano connesse con lo scopo sociale ed in particolare:

a. incrementa, anche con il contributo di altre istituzioni, di enti e singoli, la biblioteca e l'archivio di materiale documentario;
b. promuove e cura la pubblicazione dei materiali d'archivio, di studi e ricerche;
c. istituisce premi di studio e borse di ricerca e di studio a favore di giovani studiosi nelle discipline storiche, economiche, sociali e politiche;
d. organizza convegni di studio e seminari su argomenti di carattere storico, di scienze sociali, politiche ed economiche;
e. svolge ogni attività culturale rientrante nelle finalità dell'istituzione;
f. garantisce l'apertura alla cittadinanza e agli studiosi della propria biblioteca e la consultazione del materiale d'archivio, secondo le modalità determinate dal Consiglio di amministrazione;
g. provvede alla pubblicazione di atti, ricerche e documentazioni;
h. favorisce il rapporto con le istituzioni scientifiche e culturali e con la scuola, al fine di definire specifiche iniziative didattiche e divulgative.

[...]

Firmato: Giampiero Cipani
Alberto Cavalli
Ettore Adalberto Albertoni
Luigi Zampaglione Notaio

Der Text des Statuts wurde vom Stadtrat von Salò noch vor Ende des Jahres 1997 verabschiedet und an die Provinz von Brescia übermittelt, damit diese ihrerseits zustimmen konnte. Durch den Provinzassessor Tino Bino erfolgte jedoch am 13. März 1998 die Antwort, die in Brescia dafür zuständige Kommission halte noch einige Änderungen für nötig. Daraus ergab sich eine mehrere Monate andauernde Blockierung des Projekts, woraufhin die Region ihren finanziellen Beitrag zum Centro Studi vorerst zurückzog, indem sie dessen Auszahlung von der Zustimmung aller drei Beteiligten (Stadt, Provinz und Region) abhängig machte.

Im September 1998 bemühte sich Marzio Tremaglia erneut um eine Beschleunigung der Verwaltungsentscheidungen, in der Befürchtung, das bevorstehende Wahljahr 1998 werde die Verwirklichung des Vorhabens wiederum verhindern.

Bereits einige Monate zuvor, genauer gesagt im November 1997, hatte die Partisanenvereinigung *ANPI* von Brescia aus ihre Bedenken gegenüber dem zu gründenden Studienzentrum angemeldet und dabei insbesondere Tremaglias Absicht kritisiert, Archivbestände zu erwerben, die dann in Salò verwahrt werden sollten. Im Februar 1998 hatte das Regionalkomitee der *ANPI* vom Bürgermeister von Salò detaillierte Auskunft über alle diesbezüglichen Planungen verlangt. An der Stelle eines einvernehmlichen Vorgehens zeichnete sich folglich damals ein Konflikt ab, der nur schwer zu lösen sein würde.

In der Tat war man bis zum Zeitpunkt der Wahlen des Jahres 1999 noch nicht entscheidend vorangekommen.

Der wiedergewählte Assessor Tremaglia verstarb wenig später, zermürbt von einer langen Krankheit. Immerhin stimmte das neue Provinzparlament von Brescia am 23. Dezember 1999 der Mitwirkung der Provinz am Centro Studi zu, nachdem die Region ihre analoge Entscheidung bereits genau ein Jahr zuvor gefällt hatte.

Die Arbeitsfähigkeit des Studienzentrums schien wieder etwas näher zu rücken, als es in der Folgezeit darum ging, die Mitglieder seines Verwaltungsrats und seines wissenschaftlichen Beirats zu bestimmen. In welcher Atmosphäre wurden diese Entscheidungen getroffen? Durchaus gegen nationale und internationale Widerstände, wie das Beispiel des Regionalassessors Albertoni zeigt, der Sohn eines Partisanen war und deshalb glaubte, das Projekt bekämpfen zu müssen. Auch die Presse ereiferte sich in Unkenntnis der wirklichen Absichten über die vermeintliche «Schmuddelstadt» Salò.

Die *Financial Times* fragte sich am 4. August 2001 in ihrem Kulturteil, ob am Gardasee wohl eine Vermarktung Mussolinis im Gange sei, durch welche Salò hoffe, Scharen von Ewiggestrigen als Touristen anzulocken. Die *Washington Post* schickte daraufhin im September 2001 extra einen eigenen Auslandskorrespondenten an den Gardasee, um Näheres über diese Umtriebe zu erfahren. Auch *Le Monde* wollte dabei nicht zurückstehen. Alle fragten sich, ob es sich bei den Plänen für das Studienzentrum um eine konzertierte Aktion der Mitte-Rechts-Regierungen handelte, die sowohl in der Stadt Salò als auch in der Provinz von Brescia sowie in der Region Lombardei damals das Sagen hatten.

Erst seit dem 15. März 2003 besitzt das Centro Studi von Salò offiziell die für sein Funktionieren notwendigen Organe. Dem Verwaltungsrat gehören an: Prof. Roberto Chiarini (benannt von der Region), Roberto De Giuli (benannt von der Provinz) und Sandro Fontana (benannt von der Stadt). Der wissenschaftliche Beirat besteht aus: Prof. Cesare Mozzarelli (benannt von der Region), Prof. Luca Galantini (benannt von der Provinz) und Prof. Giuseppe Parlato (benannt von der Stadt). Nach langen und mühsamen Jahren der Vorbereitung kann das Studienzentrum endlich mit seiner Arbeit beginnen.

Bereits vor einer Weile hat mir mein aus Brescia stammender Freund Francesco Zanatta vorgeschlagen, im wissenschaftlichen Beirat des Zentrums müsse doch eigentlich Platz für einen Vertreter des Judentums sein – und zwar angesichts der Tatsache, dass Juden und andere vom damaligen Regime unerwünschte Minderheiten während der Zeit der *RSI* verstärkt von Italien aus in die Vernichtungslager der Nazis transportiert wurden. Dieser Gedanke schien mir überzeugend und jeder Unterstützung würdig. Ich weiß allerdings noch nicht, inwieweit er Gehör bei den Verantwortlichen des Centro Studi finden wird. Die Öffentlichkeit wird die ersten Schritte dieser gerade eben erst aus der Taufe gehobenen Institution jedoch sicherlich mit großer Aufmerksamkeit verfolgen.

Übersetzung: Thomas Stauder

Andrea Guetta

La Strada dei Vini Bresciani del Garda

Un incontro con il territorio per conoscerne l'arte, la cultura, la tradizione, i paesaggi e l'enogastronomia

Strada dei Vini Bresciani del Garda

«Conosci tu il paese dove fioriscono i limoni?
Aranci d'oro splendono tra le foglie scure
Un vento dolce soffia dal cielo azzurro
Il mirto è silenzioso, alto l'alloro
Lo conosci tu? laggiù, laggiù.»

Sono queste le parole con cui Goethe riassumeva le sensazioni che pervadono chi incontra il territorio del Lago di Garda. Da allora molte cose sono cambiate ed il turismo ha sicuramente portato ricchezza economica in zone che allora erano già ricche della bellezza di paesaggi incontaminati dominati da alte montagne che si riflettono su un lago di un azzurro sempre intenso. E questo grande Lago, con il suo effetto benefico sul clima, rendeva anche allora particolarmente mediterranea questa zona del Nord Italia che, come una cornucopia, è prodiga di ogni prodotto: gli ulivi centenari per uno dei migliori e più delicati olii, le viti di antichissima tradizione per selezionati ed apprezzati vini, gli agrumeti spettacolari – veri capolavori di ingegneria agraria – ed in particolare limoni e cedri, base di antiche ricette di infusi e distillati, una pesca ricca di numerose qualità di pesce legato alla tradizione gastronomica delle sponde lacustri a cui risponde l'entroterra, più vicino alle tradizioni della attigua Valle Padana,con una cucina a base di derivati del latte – burro e formaggi – e carne di ottima qualità per spiedi di antichissima tradizione cotti sulla profumata brace di legna di viti e di ulivi.

Accanto ad una natura prodiga di tanta bellezza e ricchezza anche l'Uomo, nella sua storia, ha fatto la propria parte: reperti archeologici – come il più antico aratro ritrovato – ricordano i primi insediamenti in questo territorio, ville romane disseminate nei luoghi più belli riportano ai passati splendori, turriti castelli dominano dalle zone più elevate, pievi romaniche raccontano antiche storie di fede, maestose ville con lussureggianti parchi e giardini rievocano grandi ricchezze e ricerche del «bello». Spesso da questa integrazione tra l'Uomo e la Natura sono nate delle stupende realtà, altre volte l'Uomo, nella sua ottusità – soprattutto in tempi più recenti – non si è dimostrato rispettoso del proprio Territorio ed alcune zone soffrono di una eccessiva pressione urbanistica e di una non adeguata integrazione nel delicato equilibrio del paesaggio.

E' in questo contesto che la «Strada dei Vini Bresciani del Garda» nasce nel 2001 con l'obbiettivo principale di far conoscere storia, cultura e arte tra vini e sapori della sponda Bresciana del lago, rispondendo alla crescente domanda di un sempre più preparato turismo enogastronomico.

Associazione no-profit che riunisce in sé rappresentanti dell'enogastronomia, dell'ospitalità e della cultura, proponendo al turista il piacere di una vacanza, anche rurale, dedicata alle tipicità di un territorio che si estende tra le colline dell'entroterra e le coste del lago, da Limone a Sirmione, ed è caratterizzato da un microclima mite per tutto l'anno, acqua trasparente e pulita, spiagge assolate e facilmente accessibili, paesaggi mozzafiato, che rendono il lago di Garda un luogo unico nel suo genere. Una zona felicemente baciata dall'industria del forestiero che, grazie alla vicinanza con il lago, crea un connubio fra agricoltura e turismo capace di fondere le due realtà in una unica entità.

Attraverso ottanta associati, selezionati mediante un rigido protocollo qualitativo, tra cui aziende vitivinicole, frantoi, agriturismi, alberghi, ristoranti, artigiani, comuni ed associazioni culturali, fondazioni e musei, la Strada dei Vini, ma in realtà dell'arte e dei sapori, offre un'efficace strumento alternativo di conoscenza del territorio. L'alternativa è data dal nuovo modo di gustare la tipicità del Garda Bresciano. Tipicità che si legge nei luoghi e nei paesaggi, negli abitanti e nei dialetti, ma soprattutto nel momento in cui la tradizione vi viene proposta a tavola.

Il territorio della Strada dei Vini Bresciani del Garda comprende la zona di produzione dei tre vini a Denominazione d'Origine Controllata: Lugana, Garda Classico e San Martino della Battaglia: una proposta completa che spazia tra vini di diversa tipologia adatti per accompagnare i più disparati cibi.

Il Lugana – vino bianco di grande prestigio – accompagna in modo perfetto i pesci e nella versione Riserva piò spingersi ad abbinamenti più impegativi con salumi e formaggi non eccessivamente stagionati: esiste anche la versione spumante brut ottimo come aperitivo.

Tra i vini della d.o.c. Garda Classico dominano per importanza i vini rossi: dallo storico e profumatissimo Groppello prodotto esclusivamente in questo territorio al rosso superiore, invecchiato anche in grandi e tradizionali botti di rovere, ideale compagno per carni anche importanti e i formaggi stagionati della tradizione locale; da non dimenticare il Chiaretto – da bersi giovane – il cui profumo e la cui frangrante freschezza accompagnano particolarmente bene i cibi estivi.

Vigneti in collina

Il San Martino della Battaglia, piccolissima d.o.c. con pochissimi produttori, che propone un tipico vino bianco ben caratterizzato dal vitigno Tocai e dal particolare retrogusto ammandorlato, la versione liquorosa è un intrigante vino da abbinarsi anche ai più forti formaggi erborinati oltre che alla tradizionale pasticceria secca a base di mandorle,molto diffusa nella zona.

Altro fiore all'occhiello di questa terra sorprendente è l'olio extravergine di oliva DOP, caratterizzato da un grado di acidità molto basso, che lo rende digeribilissimo e da un particolare profumo che lo rende ben riconoscibile. Alimento principe della cucina gardesana è il pesce: il lago, pulito e pescoso, offre trote, anguille, coregone, luccio, pesce persico, il raro e prezioso carpione e, prima della stagione estiva, sardine e alborelle.

Di qualità sono i formaggi, freschi o stagionati: oltre al Grana Padano e al Provolone Valpadana, entrambi DOP, troviamo il formaggio Garda, le squisite formaggelle della Valtenesi e quelle di Tremosine. Nelle zone più montane vengono prodotti ottimi formaggi di capra e il mitico formaggio Bagoss, ma ogni malga di montagna può riservare sorprese e prodotti particolari.

Non vanno dimenticati poi il pregiato tartufo della Valtenesi, sia bianco che nero, e i salumi, tra cui spiccano la coppa stagionata nel Garda Classico Rosso, la soppressa bresciana e il salame col filetto. Profumati mieli e artigianali conserve e marmellate completanto la vastissima offerta del nostro Territorio.

Da alcuni anni anche la ristorazione si è fatta più attenta nel proporre i prodotti del territorio: numerosi sono i ristoranti e gli agriturismi che basano le loro offerte su cibi strettamente legati alle tradizioni locali reinterpretandoli secondo le più aggiornate istanze dietetiche. Infatti, non solo il vino, ma anche il cibo costituisce una parte integrante della storia e della «costruzione» del territorio. La caratteristica dei ristoranti e delle aziende agrituristiche che aderiscono all'Associazione sta nella promozione e nella salvaguardia della tipicità gastronomica gardesana, nell'utilizzo di materie prime tradizionali e nel corretto abbinamento ai vini.

Un nuovo modo di fare turismo è la proposta che la «Strada dei Vini Bresciani del Garda» vuole fare agli ospiti che si trovano a soggiornare sulle coste del nostro Lago: una proposta impegnativa perché deve accompagnare il turista guidandolo alla scoperta del territorio e della nostra realtà che non è solo lago e sole!

Weitere Informationen und Liste der kooperierenden Unternehmen unter: www.stradadeivini.it

L'isola del Garda

Carlo Simoni

Der «Parco Alto Garda Bresciano» und sein Besucherzentrum

Seit seiner Gründung im Jahre 1989 hat sich der Parco Alto Garda Bresciano zum Ziel gesetzt, als wichtiges Instrument zum beständigen Fortschreiben der Regionalplanung zu dienen. Es wurde angestrebt, zur Planung einer umweltverträglichen Entwicklung der in diesem Gebiet angesiedelten menschlichen Gemeinschaften beizutragen. Ein Naturpark lässt sich keineswegs ausschließlich von seinen geographischen Voraussetzungen her definieren. Er ist auch das Zuhause und die Erwerbsgrundlage der dort lebenden Menschen, die Verantwortung tragen für die Bewahrung der Umwelt und der Landschaft, deren Besonderheit und Vielfalt. Umweltschutz umfasst deshalb hier mehr als den Erlass von Regeln und Verboten: Es bedeutet, den Bewohnern des Naturparks – die den Boden dieser Region seit langem bestellen und landwirtschaftlich nutzen – eine Zukunft zu sichern, indem man ihnen neue, entwicklungsfähige Erwerbsmöglichkeiten aufzeigt, die gleichzeitig die Bewahrung der Natur erlauben.

Der Park erstreckt sich über das Gebiet von neun Gemeinden, wozu die Westküste des Gardasees von Salò bis Limone gehört, aber auch das weitflächige Hinterland. Er zeichnet sich folglich durch einen landschaftlichen Kontrast aus: zwischen den blauen Gewässern des Sees und den bis Gargano reichenden grünen Hügeln, zwischen der horizontalen Ausdehnung des Wasserspiegels und der Vertikalität der Steilküsten am oberen Ende des Sees, zwischen der flüssigen Beweglichkeit des Wassers und der rauen Härte der Felsen. Es reichen wenige Kilometer, um aus der bekannt mediterranen Landschaft des Seeufers in eine Umgebung zu gelangen, die an die Alpen erinnert: von den Steineichen, die auf den hoch über dem See aufragenden Felsen wurzeln, bis hin zu den Buchenwäldern und den Blumenwiesen des gebirgigen Hinterlandes.

Ihre geographische Ausdehnung und die Verschiedenheit ihrer Biosysteme sind jedoch auch die Ursache des Hauptproblems der Region des oberen Gardasees, nämlich das demographische und ökonomische Ungleichgewicht zwischen dem Küstenstreifen und den dahinter liegenden Gebieten. Während das Seeufer seit langem vom Tourismus profitiert, ist das Hinterland bisher von dieser Entwicklung ausgeschlossen geblieben und litt stattdessen unter dem Niedergang traditioneller Erwerbszweige, dem Mangel an neuen Beschäftigungsmöglichkeiten, sowie der daraufhin einsetzenden Landflucht.

Die Bemühungen der Parkbetreiber zugunsten des gebirgigen Teils seines Territoriums zielen nicht so sehr darauf ab, auch dort dieselbe Art von Tourismus zu ermöglichen, die bereits in der Nähe des Sees etabliert ist, als vielmehr, dort Strukturen zu schaffen, die Voraussetzung sind für eine neue, im Wachstum begriffene Art von Tourismus, welcher die Besonderheiten der natürlichen Umgebung respektiert und die Erhaltung der spezifischen Architektur der ländlichen Siedlungen zu schätzen weiß – eben jene Art von Lokalkultur, die noch nicht der Vereinheitlichung der modernen Zivilisation zum Opfer gefallen ist.

Im Rahmen dieses Konzepts hat die Parkleitung Initiativen wie jene der Bassa Via del Garda begründet: Es handelt sich hierbei um eine Wanderroute, auf welcher der Besucher das gesamte Gebiet des Parks durchquert, über weite Strecken in der Nähe des Seeufers, inmitten mediterraner Landschaften und atemberaubender Panoramen, aber auch in Berührung mit wenig bekannten, bisher vom Tourismus nicht veränderten Ortschaften.

Eine derartige Initiative stellt auch die Restauration einiger altehrwürdiger Scheunenbauten in Rest (Valvestino) dar; diese Aktion wurde mit Hilfe der ERSAF bewerkstelligt, jener Institution, die unlängst die Nachfolge der Azienda Regionale delle Foreste angetreten hat, und zu deren Zuständigkeitsbereich auch die im gebirgigen Hinterland des Parks liegende Foresta Gardesana Occidentale gehört, der flächenmäßig größte Staatsforst der gesamten Lombardei.

Dieser Institution, zu deren Aufgaben die Pflege der Waldbestände an dem nahe Brescia gelegenen Ufer des Gardasees zählt, ist die im Juni 2002 erfolgte Eröffnung des Besucherzentrums von Tignale zu verdanken, das heute unter der Leitung des Naturparks steht. Diese Initiative folgt der Überzeugung, dass das Kennenlernen des Gardasees auch die Bekanntschaft mit seinem Hinterland beinhaltet, von dessen Bergen aus sich ein ganz besonderer Blick auf den See eröffnet und wo man Dörfer und Wälder in einer alpenartigen Landschaft durchqueren kann. Aus all diesen Gründen wurde als Standort für das Besucherzentrum des Parco Alto Garda Bresciano eben Tignale ausgewählt, eine Gemeinde, die auf ihrem Gebiet die Mittelmeer-Landschaft der See-Umgebung mit dem Gebirgspanorama des Hinterlands vereint, die einen hervorragenden Blick auf die Ausdehnung des Sees gestattet und gleichzeitig Ausgangsstation für Exkursionen zu den grünen Baumflächen der Foresta Gardesana Occidentale sein kann.

Kernstück des Besucherzentrums ist ein multimedialer Parcours, mittels dessen der Gast über historische Persönlichkeiten und Stätten der Region informiert wird; als Anschauungsmaterial dienen hierbei u.a. naturkundliche Sammlungen, Bestände ehedem benutzter Arbeitswerkzeuge, didaktische Kurzfilme und interaktive Computerterminals.

Titelblatt einer Broschüre ([8]2001) über den «Parco Alto Garda Bresciano».

Dem Besucher wird gleich nach dem Betreten des Zentrums ein Film über die geologische Vergangenheit des Gardasees gezeigt (beginnend mit dem Eis, das einstmals den See bedeckte, bis zu dessen Herausbildung und heutiger Gestalt samt dazugehöriger Vegetation); dieser Film bereitet auf das Thema des ersten Ausstellungsraumes vor, nämlich die Farben und Formen der Landschaft, samt deren ersten menschlichen Bewohnern.

Über die Darstellung der Tätigkeit der Fischer und Gärtner (letztere kümmerten sich um die Zitronenhaine), der Schmiedewerkstätten von Campione und der Papiermanufakturen von Toscolano, der Aktivitäten von Olivenzüchtern und Müllern, wird der Besucher zurückversetzt in jene Zeit, als der Gardasee noch unter der Herrschaft der Republik von Venedig stand.

Während Bilder des Grand Hotels von Gardone Riviera an die große Umwandlung des Gardasees im 19. Jahrhundert erinnern, erlaubt ein Film dem Besucher, eine Fahrt im modernen Reisebus über die Gardesana-Straße nachzuerleben – stellvertretend für den heutigen Tourismus.

Dann werden Bilder aus den Bergen des Hinterlands gezeigt, von den Strohdächern der Scheunenbauten in den Piani di Rest, über die traditionellen Volksfeste samt den dort angebotenen Speisen, bis hin zu den früher auf dem Land praktizierten Handwerksberufen (deren Werkzeuge, wie gesagt, im Zentrum ausgestellt sind).

Bilder des Waldes, der heutzutage nicht nur ein ökonomischer Faktor ist, sondern auch eine wichtige Rolle im Umweltschutz spielt, schmücken den Raum, in dem der Staatsforst sich präsentiert: moderne Baumwirtschaft, Pflege der vielfältigen Tierarten und Instandhaltung der oftmals Jahrhunderte alten Waldwege.

Außerdem wird auf die spirituelle Bedeutung des Waldes für den modernen Menschen hingewiesen, der meistens in einem städtischen Umfeld lebt und der in der Natur eine Oase der

Stille und Selbstbesinnung finden kann – ein erholsamer Kontrast zur lärmenden Geschäftigkeit in der Epoche der Globalisierung.

Das Besucherzentrum des Parco Alto Garda Bresciano will aber nicht nur den langjährigen Liebhabern des Gardasees neue Perspektiven eröffnen; es hat auch einen Erziehungs- und Informationsauftrag, der sich an Schulkinder und Ökotouristen wendet.

Eine «Bibliomediathek» und ein Hörsaal ermöglichen Forschungstätigkeiten, Vorträge und Filmvorführungen. In einer Art von «didaktischem Sprachlabor» kann man an Aktivitäten teilnehmen, die von den Angestellten des Zentrums organisiert werden. Eine über Computerterminals zugängliche Multimedia-Enzyklopädie erlaubt es dem Besucher, eine interaktive Reise durch Natur, Geschichte, Architektur und Völkerkunde der Region um den Gardasce anzutreten.

Das Zentrum von Tignale verfolgt keineswegs die Absicht, an die Stelle des direkten Kontakts mit dem Territorium zu treten, weder für das touristische Publikum noch für die wissenschaftlich Interessierten oder die Bildungsreisenden. Vielmehr will es die Besucher darauf vorbereiten, dass eine Besichtigung des Naturparks nicht nur die Betrachtung der landschaftlichen Schönheiten einschließt, sondern auch ein Interesse für die traditionellen Kulturen und Berufe dieses Gebiets.

Das Besucherzentrum des Parco Alto Garda Bresciano erzählt von seinem Territorium, seiner Geschichte, seinen Bewohnern – um auf diese Weise deren Verständnis zu ermöglichen und so einen ganzheitlichen Zugang zum Gardasee zu erschließen.

Übersetzung: Thomas Stauder

Venedig: Abbazia di San Gregorio
(Außenansicht, aufgenommen im Oktober 2002).

Notizbuch

Kulturpolitik und Holocaust: Deutsche Präsenz in Venedig 1943-1945

Zumeist blickt man wohl an ihr vorbei; auf Gemälden, Photographien, in der Wirklichkeit: an der rechts im Schatten des strahlenden, auf Wunsch des pestfreien Volks im 17. Jahrhundert errichteten Jubelbaus Santa Maria della Salute sich duckenden, schon seit 1450 säkularisierten und seither vielfach zweckentfremdeten benediktinischen Abbazia di San Gregorio. Heute ist sie, die Abbazia, Privatbesitz.

Zuletzt und wohl am ärgsten zweckentfremdet wurde sie vom Februar 1944 bis zum 28. April 1945. «Suonare; mancia»: Der Tipp im TCI-Führer von 1969 ist überholt. Aber man kommt trotzdem hinein, unterhält sich im Kreuzgang «del più e del meno» mit dem Hausmeister-Ehepaar und lässt die Gedanken schweifen. Hier also war es. Hier wirkte im genannten Zeitraum das «Deutsche Institut in Venedig», Kultur-Ersatzgründung – neben zahlreichen anderen «Deutschen Wissenschaftlichen Instituten» (DWI) im (noch) besetzten Europa – nach Italiens Waffenstillstand (1943) mit den Alliierten und Evakuierung und Verlust der entsprechenden deutschen Kulturinstitutionen in Rom und Einrichtung der «Repubblica Sociale Italiana» (RSI) im Norden des Landes.

Das Kulturministerium der Salò-Republik residierte in Salò. Trotzdemfiel die Wahl auf Venedig als Standort des besagten Instituts, gedacht auch als Zentrum eines über norditalienische Städte sich erstreckenden, eher schlecht denn recht funktionierenden Netzes von Dependancen («Lektoraten»). In Mailand wurde eine Haupt-Nebenstelle geplant und am 18. Februar 1945 (sic) eingeweiht: in der zentral gelegenen Casa Morando. Casa oder

Palazzo: Das hing/hängt von der sozialen Perspektive der jeweiligen Bewohner ab.

Das Deutsche Institut in Venedig wurde schon am 17. Februar 1944, also ein ganzes Jahr früher, feierlich eröffnet: mit Musik von Paisiello und Haydn und schwungvollen Reden deutscher und italienischer Machtvertreter, z. T. nachzulesen in der Zeitschrift *Italien. Jahrbuch der deutsch-italienischen Gesellschaft*, von der immerhin zwei Jahrgänge erschienen (hier: Heft 12 vom Februar 1944).

Hier also sollte sich deutsche Kultur manifestieren. Dies und mehr erfährt man in Frank-Rutger Hausmanns vorletzter, abermals materialreicher Monographie über Wissenschaft im Deutschland der Nazi-Jahre: *«Auch im Krieg schweigen die Musen nicht.» Die Deutschen Wissenschaftlichen Institute im Zweiten Weltkrieg*. Göttingen, Vandenhoek & Ruprecht ^{2}2001. Hausmann präsentiert insgesamt sechzehn DWIs zwischen Helsinki und Tirana, Paris und Bukarest. In unserem Zusammenhang relevant somit ‹nur› das Einleitungskapitel über Planung, Einrichtung und Aktivitäten der DWIs (S. 11-59) sowie die «Dokumentation» Nr. 15 über Venedig (S. 353-367) – fünfzehn Seiten, die es in sich haben.

Warum? Nicht so sehr wegen der von Hausmann wie stets *sine ira et studio* genannten Rösser und Reiter, u.a. des zuletzt in Marburg lehrenden Romanisten August Buck (1911-1998), der sich über seine Zeit als wissenschaftlicher Mitarbeiter in Venedig stets ausschwieg. Sondern auch, weil sich hier wieder einmal der Irrsinn eines Trotz-alledem-Alltags offenbart. Und just hierin liegt u.E. der besondere Verdienst des Bandes: Material geliefert zu haben, das zu Vergleichen / Konfrontationen ermuntern könnte, die außerhalb von Hausmanns Zielsetzungen lagen, liegen mussten. Lesend und weiterforschend könnten wir vertiefen, was in Venedig in der genannten Besetzungszeit alles gleichzeitig vor sich ging.

Ein Lichtblick: Rudolf Hagelstanges Besinnungssonette, mehrheitlich entstanden im Juni und Juli 1944 in Venedig, und unter dem Titel *Venezianisches Credo* im April 1945 – noch vor Kriegsende – in Giovanni Mardersteigs Officina Bodoni gedruckt. Ansonsten aber taten sich in der Lagunenmetropole gleichzeitig ganz andere Dinge. Während ab Februar 1944 im genannten Institut eine Lesung von Rilkes *Cornett* sowie Vorträge «Zur Geopolitik des deutsch-italienischen Bündnisses», über «Die Bedeutung des 18. Jahrhunderts in der italienischen Geistesgeschichte» oder auch über «Verflechtungen der deutschen und der venezianischen Kunst des Mittelalters» auf dem Programm standen, schwärmten in der Stadt, besonders im Ghetto, SS-Einheiten aus, um jüdische Bürger für Transporte in die Vernichtungslager einzusammeln. Sie kamen zum Teil aus dem nicht fernen, dem sogenannten Adriatischen Küstenland zugeordneten Triest. Dort funktionierte seit Herbst 1943, intensiver noch ab Februar 1944 die Weitertransport-, aber auch Vernichtungsstätte in der Risiera di San Sabba. Die Venedig-Chroniken erinnern an drei «rastrellamenti»: am 5. Dezember 1943, am 17. August 1944, am 16. Oktober 1944. Auftraggeber in der Risiera: die SS-Führer Christian Wirth, Gottfried Schwarz, Franz Reichleitner; alle in späteren Kriegsphasen gefallen und im Soldatenfriedhof Costermano am Gardasee beigesetzt (s. Beitrag von Folkmar Stoecker in diesem Heft). Von den 245 nach Triest und Auschwitz deportierten venezianischen Juden überlebten nur acht.

An den genannten Vorträgen des Deutschen Instituts in Venedig waren, zuletzt am 14. Februar 1945, «meist nur reichsdeutsche Gäste zugegen». Die Räume der Abbazia di San Gregorio waren, wie Hausmann ermittelte, kaum geheizt.

Titus Heydenreich

Venedig: Abbazia di San Gregorio, Innenhof (aufgenommen im Oktober 2002).

Bibliographie

Frank-Rutger Hausmann: *«Auch im Krieg schweigen die Musen nicht.» Die Deutschen Wissenschaftlichen Institute im Zweiten Weltkrieg.* Göttingen, Vandenhoek & Ruprecht [2]2001 [[1]2001].

Ders.: *«Aus dem Reich der seelischen Hungersnot.» Briefe und Dokumente zur Fachgeschichte der Romanistik im Dritten Reich.* Würzburg, Königshausen & Neumann 1993.

Ders.: *«Vom Strudel der Ereignisse verschlungen.» Deutsche Romanistik im ‹Dritten Reich›.* Frankfurt/M., Klostermann 2000.

Rudolf Hagelstange: *Venezianisches Credo.* Wiesbaden, Insel 1954 (Insel-Bücherei Nr. 609) Verona 1945.

Comune di Trieste / Civici Musei di Storia ed Arte / Civico Museo della Risiera di San Sabba, Monumento Nazionale: *Capire la Risiera. A Trieste un lager del sistema nazista.* Atti del corso di formazione per guide didattiche alla Risiera di San Sabba di Trieste, gennaio-febbraio 1995. Trieste 1996 (Quaderno didattico VII).

Bruno Casali: *Una vita per la storia, tante storie per la vita.* Treviso, Cooperativa «Solidarietà» 2001 (über die Risiera di San Sabba).

Marina Scarpa Campos u.a.: *Li hanno portati via. Testimonianze sulla deportazione degli ebrei veneziani a cura degli alunni del Convitto Foscarini 1943-1945.* New York, The Steven H. and Alida Brill Scheuer Foundation 2001.

Marina Campos, Liana Bastianello, Pietro Tonegato: *Mi racconti nonno? Mi racconti nonna? I bambini del Talmud Torà di Venezia chiedono ai loro nonni come si sono salvati 1938-1945.* New York, The Steven H. and Alida Brill Scheuer Foundation 1998.

Renata Segre: *Gli ebrei a Venezia 1938-1945. Una comunità tra persecuzione e rinascita.* Venezia, Il Cardo 1995.

Ferruccio Fölkel: *La Risiera di San Sabba.* Postfazione di Frediano Sessi. Milano, Rizzoli [3]2001 [[1]2000].

Begegnung mit der A.I.P.I.

Die «Internationale Italienischlehrer-Vereinigung»

Seit ihrer Gründung im Jahre 1975 dient die «Associazione Internazionale Professori d'Italiano» (abgekürzt A.I.P.I.) dem Ziel der Förderung und Verbreitung der Lehre der italienischen Sprache und Kultur, und dies auf jeder Ebene von den weiterführenden Schulen bis zu den Universitäten. Die Vereinigung, eine juristische Körperschaft, besitzt heute etwa 600 Mitglieder in rund vierzig Länern aus allen Teilen des Globus.

Diese Mitglieder lehren in der Regel italienische Sprache, Literatur, Linguistik oder Kultur in verschiedenen Bildungsinstitutionen, sowohl in Italien als auch in anderen Ländern; aber die Vereinigung steht auch anderen Interessenten offen, die nicht unbedingt beruflich mit dem Italienischen zu tun haben müssen, sondern sich beispielsweise nur privat dafür interessieren und den Kontakt mit Italianisten suchen.

Die Tagungen

Alle zwei Jahre richtet die A.I.P.I. eine internationale Tagung aus, die abwechselnd in Italien und einem anderen Land stattfindet und die der Kontaktpflege und Anbahnung von wissenschaftlicher sowie didaktischer Zusammenarbeit dient. Dies wird erleichtert durch die informell-herzliche Atmosphäre der Treffen, die sich durch zahlreiche jüngere Teilnehmer sowie durch einen ‹entspannt-demokratischen› Ablauf auszeichnen.

Der thematische Rahmen der Tagungen ist immer hinreichend weit gewählt, um Raum für Beiträge aus den unterschiedlichsten Bereichen zu bieten (Literatur-, Sprach- oder Kulturwissenschaft). Beispiele hierfür sind: *L'Italia nell'insegnamento dell'italiano all'estero: politica, economia, sociologia e cultura* [Das Italienbild in der Lehre des Italienischen im Ausland: Politik, Wirtschaft, Gesellschaft und Kultur] (Brescia, 1981); *La traduzione: problemi metodologici e pratici* [Die Übersetzung: Methodische und praktische Probleme] (Paris-Nanterre, 1983); *La cultura regionale nella letteratura italiana* [Die Bedeutung der Regionalkulturen für die italienische Literatur] (Exeter, 1987). Die letzten drei Treffen fanden 1998 in Soave/Verona, 2000 im kroatischen Split und 2002 im oberitalienischen Brunico statt und waren folgenden

Themen gewidmet: *Soavi sapori della cultura italiana* [Die unwiderstehliche Anziehungskraft der italienischen Kultur]; *... e c'è di mezzo il mare: lingua, letteratura e civiltà marina* [Im Bannkreis des Meeres: Sprache, Literatur und Zivilisation am Mittelmeer]; *Lingue e letterature in contatto* [Sprachliche und literarische Kontaktbeziehungen].

Zur Behandlung spezifischer, enger begrenzter Fragen und zur Kontaktpflege innerhalb eines kleineren geographischen Raumes werden mitunter auch Treffen innerhalb eines A.I.P.I.-Landesverbandes angesetzt, die dann auch für eine kleinere Anzahl von Teilnehmern bestimmt sind.

Die Zeitschrift

Das Verbandsorgan der A.I.P.I. ist die Zeitschrift *Civiltà Italiana*, die bis 1988 alle vier Monate erschien und mittlerweile zweimal jährlich erscheint; darin werden auch alle zwei Jahre die Tagungsakten der A.I.P.I. veröffentlicht. Die Mitglieder der Vereinigung erhalten die Zeitschrift kostenlos zugesandt; deren «Nuova Serie» begann im Jahr 2000 mit dem Tagungsband von Soave/ Verona. Die letzte, 2002 erschienene Ausgabe von *Civiltà Italiana* (Nuova Serie, 2) enthält in zwei Bänden von jeweils etwa 450 Seiten die Beiträge des Treffens von Split; insgesamt rund siebzig Aufsätze über Sprache, Literatur und Zivilisation am Meer, angereichert durch das ‹Highlight› eines Grußwortes von Claudio Magris. (Die zwei Bände können bestellt werden beim Verlag Cesati in Florenz; Anschrift siehe weiter unten.)

Um ihre Mitglieder über aktuelle Aktivitäten zu informieren, verschickt die A.I.P.I. einmal im Jahr ein «Notiziario», das Angaben über Tagungen, Veröffentlichungen oder andere Forschungstätigkeiten im Zusammenhang mit dem Italienischen enthält; hier werden gegebenenfalls auch Bemühungen anderer Verbände oder Institutionen erwähnt.

Das nächste Treffen der A.I.P.I. wird im August 2004 in Krakau stattfinden; Rahmenthema wird sein: *Italia e Europa: dalla cultura nazionale all'interculturalismo* [Italien und Europa: Von der Nationalkultur zur Interkulturalität]. Im Juni 2003 erschien das «Notiziario», welches die für diese Tagung geplanten Sektionen auflistet und darüber hinaus die Anmeldemodalitäten für potentielle Beiträger darlegt. Wer unabhängig davon Fragen zum

Treffen von Krakau hat, kann sich an Edmond Hoppe (Verbandssekretär) oder den Verfasser des vorliegenden Artikels wenden (Anschriften weiter unten).

Wie wird man Mitglied der A.I.P.I.?

Einzige Beitritts-Voraussetzungen für Einzelpersonen, Gruppen oder Körperschaften ist das unmittelbare oder mittelbare Interesse an der Lehre des Italienischen als Fremdsprache. Mitglieder besitzen das Recht zur Teilnahme an allen Verbandsaktivitäten (insbesondere den Tagungen) sowie zum Empfang aller Verbandspublikationen (Zeitschrift und «Notiziario»).

Die jährliche Mitgliedsgebühr beträgt 20 Euro für Einzelpersonen und 40 Euro für Körperschaften (juristische Personen). Deutsche Staatsangehörige können diese Gebühr direkt auf das Konto Nr. 3379724 bei der Deutschen Bank München einzahlen (BLZ 700070024).

Für diesbezügliche Fragen steht in Deutschland Titus Heydenreich zur Verfügung (Institut für Romanistik der Universität Erlangen-Nürnberg, Bismarckstr. 1, D-91054 Erlangen; E-Mail: tsheyden@phil.uni-erlangen.de). Österreichische Staatsbürger, die an einer A.I.P.I.-Mitgliedschaft interessiert sind, können sich entweder an Peter Kuon wenden (Akademiestr. 24, A-5020 Salzburg, E-Mail: peter.kuon@sbg.ac.at) oder an den A.I.P.I.-Sekretär Edmond Hoppe. Für die Schweiz steht als Kontaktperson Pietro De Marchi zur Verfügung (Pestalozzistr. 30, CH-8032 Zürich, E-Mail: marquise@gmx.ch).

Bart Van den Bossche
Übersetzung: Thomas Stauder

Adressen

Associazione Internazionale dei Professori d'Italiano, Place Anneessens 11, B-1000 Bruxelles
E-Mail: aipi@brunette.brucity.be
indirizzo internet: http://www.brunette.brucity.be/heff/ictl/ti/aipi

Prof. Edmond Hoppe, Segretario dell'A.I.P.I., Av. de la Basilique 327/9, B-1081 Bruxelles, Tel./Fax 0032 (0)2 468.12.89
E-Mail: e.hoppe-aipi@pi.be

Bart Van den Bossche, Responsabile di *Civiltà Italiana,* Blijde-Inkomststraat 21, B-3000 Leuven, Tel. 0032 (0)16 32 48 36
E-Mail: bart.vandenbossche@arts.kuleuven.ac.be

Franco Cesati, Editore di *Civiltà Italiana*, Via C. Guasti 2, I-50134 Firenze, Tel. 0039 055 47.01.20
E-Mail: cittadifirenze@tin.it

Da San Martino della Battaglia a Lonato

Un itinerario insolito nell'entroterra del Garda
tra luoghi storici, vigneti e soste enogastronomiche

Dal casello autostradale di Sirmione, addentrandosi in splendidi paesaggi, si incontra la Cascina Capuzza, piacevole locale di campagna nato come agriturismo ed ora caratteristico ristorante: si mangia nelle antiche taverne, nelle sale e nei fienili riadattati oppure all'ombra di gelsi secolari. Cascina Capuzza produce nella nuovissima e vicina Cantina Colli a Lago – superba vista sull'intero lago – pregiati vini come il pluripremiato Lugano DOC, il Garda Classico oltre ovviamente il San Martino della Battaglia. Percorrendo la strada in direzione di Lonato, si attraversano le colline rese famose dalla Battaglia di S. Martino e Solferino del 1859 ed è in ricordo di questi eventi il nome Spia d'Italia dato all'antico Casino di caccia che incontrerete sulla vetta del Tiracollo, dopo aver sottopassato la nuova superstrada che collega Desenzano a Castiglione. La Cascina Spia d'Italia è ora specializzata in proposte enoturistische e nelle sale a volta delle antiche cantine, recentemente ristrutturate, è piacevole sostare per degustare una cucina particolarmente attenta alla tradizione locale e per farsi tentare da un richissimo buffet di formaggi del territorio accompagnati dai vini ottenuti nell'attigua cantina: primo fra tutti il San Martino della Battaglia liquoroso, ricco di premi e di suggestioni. Spia d'Italia è anche centro ippico con scuola di equitazione anche avanzata e possibilità di bellissime passeggiate a cavallo nei boschi vicini. Se si è stanchi di vino ci si può portare infine in un locale tutto particolare ricavato da un'antica cascina ai margini del bosco: La Tana del Gufo, a poca distanza dalla Statale Desenzano-Castiglione. In un caldo ambiente, caratterizzato dall'arredamento in legno e dalla particolare movimentazione dei locali o in giardino, potranno essere gustate le migliori carni ed i cibi più sfiziosi accompagnati da ottime birre ma anche, per restare in tema dai pregiati vini locali ed un fornito american bar propone i migliori ed i più raffinati cocktails.

Spia d'Italia

SELVA CAPUZZA

LA TANA DEL GUFO

Cascina Spia d'Italia – via M. Cerutti n. 61 – Lonato (BS)
Tel. 0309130233 – Fax 0309139877 – www.spiaditalia.it

Cascina Capuzza – Loc. Selva Capuzza – S. Martino d/Batt. (BS)
Tel. 0309910279 – Fax 0309910381 – e.mail: info@tenuteformentini.com

La Tana del Gufo – Via Corte Ferrarini n. 02 – Lonato (BS)
Tel. 0309919900 – www.latanadelgufo.it – Giorno di chiusura Lunedì

Rezensionen

Mirelia Scudellari (a cura di): *Il lago di Garda e la storia del '900. Vicende politiche e risvolti culturali. Atti del convegno di storia gardesana.* Salò (Brescia) 28 settembre 2001. Salò, Associazione Storico Archeologica della Riviera. A.S.A.R. 2003, 143 S.

In seinem Grundsatzreferat «Dalla macrostoria alla microstoria» steckte Carlo Simone die Ziele ab, denen sich auch die nachfolgenden acht Referenten verpflichtet fühlten: regionalhistorische Forschung nicht um ihrer selbst willen betreiben, sondern Eigenheiten, Fakten, Namen, die sonst in Vergessenheit geraten könnten, als Bestandteil der «großen», in den Geschichtsbüchern bevorzugten Vorgänge begreifen. In der Garda-Region drohen zudem historische und andere Werte unwiderruflich durch die einseitige, nicht eben kulturbesessene «monocultura turistica» verdrängt zu werden.

Einige Beispiele: Riva und Desenzano, am See die beiden wichtigsten Städte und bis zum Bau der Küstenstraßen (in den 20er Jahren) nur über Wasser miteinander verbunden, exemplifizieren «im Kleinen» das wirtschaftliche und politische (Riva in Zeiten, da Kafka dort Erholung suchte und nicht fand, noch im Schatten des Doppeladlers) Miteinander und Gegeneinander im ersten Jahrhundert-Drittel. «La Patria» ist mitunter nicht mehr «l'Italia con la I maiuscola o l'Austria o la Germania, la Patria è il paese, il villaggio, il campanile, la patria è la casa, la roba, gli affetti domestici. È una lettura alternativa che non smentisce la prima ma che non può essere rimossa se vogliamo capire la storia piccola e grande insieme»: so Gianfranco Porta («Le vicende politiche e militari del '900: il lago e le guerre», S. 11ff. hier S. 16). Porta und Domenico Fava («La Grande Guerra al confine tra il Garda e Ledro»: S. 23ff.) führen eine Vielzahl z.T. beklemmender Fälle von «storia piccola» an. Ein weiteres Beispiel, das zudem so «piccolo» gar nicht ist: die Präsenz von Gabriele D'Annunzio in Gardone Riviera von 1920 bis zu seinem Tode 1938; als gefeierter Weltkrieg-Held, gewiss, aber doch auch als potentieller Konkurrent, von Mussolini kaltgestellt und demütigend rund um die Uhr ausspioniert, von Antifaschisten wie Gramsci hoffnungsvoll aufgesucht, zuletzt das

Afrika-Unternehmen des Duce 1933-36 begrüßend, aber aktiver Gegner der sich anbahnenden Allianz mit dem auch als Kulturbarbaren verachteten Führer in Berlin. Weltpolitik im goldenen Polit-Käfig (Mariavittora Facchinelli Mazzoleni: «Gli anni '30: arte di regime in Italia e Germania» (S. 105ff.) verdeutlicht unter anderem, dass Mussolini sich Kampagnen gegen «entartete Kunst» nicht leistete. Was aber tat sich in Salò? D'Annunzio war keine fünf Jahre tot, als Mussolini auf Hitlers Geheiß jener Repubblica Sociale Italiana vorzustehen hatte, die mit dem Namen des Küstenstädtchens, zum berechtigten Verdruss seiner Bürger, verknüpft bleibt. (Francesco Germinario: «Salò nuova capitale d'Italia fra politicità e impoliticità»: S. 49ff.). Zwei Referate – von Mauro Grazioli und Pier Giuseppe Pasini – erinnern an die Entwicklung des «Turismo sul Garda nella prima [bzw.: seconda] metà del '900» (S. 61ff. und S. 87ff.). Gian Paolo Treccanis Schlussreferat: «Itinerari nell'architettura contemporanea del Garda» – «contemporanea» unter Einbeziehung des zweiten Ottocento – präsentiert die z.T. megalomanen, ästhetisch nicht durchwegs ortskonformen Hotel- und Villenbauten in Arco, Lazise, Gardone, Garda ... Reich bestückt mit meistens kaum bekanntem, oft frappierendem Bildmaterial Treccanis und alle anderen Beiträge.

Der Convegno sowie die nun vorliegende Publikation der entsprechenden Atti sind der Initiative von Mirelia Scudellari – Präsidentin von A.S.A.R., der 1970 gegründeten Associazione Storico-Archeologica della Riviera – zu verdanken. Dass die A.S.A.R. seit längerem vorsätzlich nicht nur römische Geschichtsschichten freilegt, beweist u.a. diese Tagung.

Sie war flankiert von einer Mostra del Libro Gardesano, di schon seit Juli von Ort zu Ort wanderte und nun in Salò festmachte. Sie zeigte Dutzende von wissenschaftlichen Publikationen, reprographischen Nachdrucken, historischen Photo-Bänden mehrerer regionaler Verlage; s. hierzu auch Domenico Fava: *Bibliografia gardesana* [...]. *Secondo catalogo 1991-1999.* Brescia, Grafo edizioni 2001 (ein erster *catalogo* von 1991 umfasste die Jahre 1984-1991). Festlicher Abschluss am darauffolgenden Tag: die Preisverleihungen an Mittelschüler von Salò und anderen Orten, die mit Zeichnungen, Feldforschungen, Aufsätzen an einem Wettbewerb «Conoscere il Garda» teilgenommen hatten. Die auch auf Kongressen in Palermo, Racalmuto, Rom, Belluno beobachtete Einbindung von Schülern (z. T. mit Referaten) in wissenschaftliche Veranstaltungen: eine Praxis, die auch nördlich der Alpen Schule machen sollte.

Titus Heydenreich

Silvano Vinceti (a cura di), *Salò capitale. Breve storia fotografica della R.S.I.* Roma: Armando Editore 2003.

Als die politisch-militärischen Ereignisse von 1943-45 auf italienischem Boden sich zum fünfzigsten Male jährten, brachte der Mailänder Verlag Rizzoli ab 1992 ein halbes Dutzend reichhaltiger Bildbände heraus, zumeist unter der kundigen Regie von Mario Cervi: über Mussolinis Leben, über «25 luglio – 8 settembre '43», die deutsche Besatzung, Resistenza u.a. Einer von ihnen trug den Titel: *Salò. Album della Repubblica di Mussolini* (1995). «Salò»: Gemeint war nicht nur die Stadt. Der Name fungierte, wie so oft, als historischer Begriff. Entsprechend grausig denn auch das Kapitel mit dem Titel «Guai ai vinti» über Repressalien nach Kriegsende, der das Album beschließt.

Der hier vorzustellende Band verdankt seine Entstehung ebenfalls einem konkreten, stadtgeschichtlich einschneidenden Anlass: der Einrichtung des «Centro Studi e Documentazione sul periodo storico della Repubblica Sociale Italiana», über deren Gründungsphasen Pino Mongiello in diesem Heft (S. 96ff.)

berichtet. Herausgeber Silvano Vinceti bietet ein informatives Junktim von Stadtgeschichte und (angehender) Forschungsgeschichte. Die genannten Phasen listet auch Flavio Casali S. 119ff. in seiner «Cronologia di un evento» auf. Dank weiteren Beiträgen von Roberto Chiarini und Silvano Vinceti selbst sowie von Vertretern der Comunità del Garda und mehrerer historisch «involvierter» Garda-Gemeinden (Desenzano, Gargnano, Gardone Riviera, Toscolano Maderno) bietet der Band mehr, als er im Untertitel verspricht. Eindrucksvoll, ja beklemmend die insgesamt 78 Photographien (die wenigsten bereits im genannten Salò-Band von 1995) der «Storia raccontatra attraverso le immagini» (S. 67-110). Nicht minder nachdenklich stimmt die Liste der Gebäude, in denen seinerzeit die Behörden und ihre – italienischen wie deutschen – Machtträger sich eingerichtet hatten (S. 29): Hotels, Rathäuser und vor allem Villen, denen man heute ihre damalige finstere Funktion nicht anmerkt, am wenigsten womöglich der als Duce-Resistenz sattsam berühmten Villa Feltrinelli.

Salò ist nicht nur Salò. Gegen das bornierende Pauschalimage gehen mehrere, recht unterschiedliche Kapitel an. Flavio Casali skizziert S. 31-48 Salòs Geschichte von den etruskischen Anfängen bis 2001 … Sowohl nolens als auch volens auf die Repubblica Sociale blickend, unterstreicht Silvano Vinceti S. 11 die irreführende Funktionalisierung des Stadtnamens. Politisch-geographisch umfasste «Salò» fast alle Regionen Norditaliens mit etwa 17 Millionen Einwohnern. Verwaltung und Ministerien verteilten sich – zwischen Brescia und Venedig, Legnago und Bassano del Grappa – auf mehrere Städte. Mehrfach artikuliert Vinceti die Hauptabsicht des Buches: Überwindung eines «manicheismo dogmatico», einer irreversiblen Aufteilung in Gute und Böse (S. 8f., 49ff., u.ö.). Im Sinne des «audiatur et altera pars» flogen etliche Interviews (in Ausschnitten) mit seinerzeit jungen Anhängern Mussolinis (S. 57ff.): Stimmen von Sympathisanten oder gar militanten Mitmachern, aber aus zumeist niederen, politisch letztlich fast machtlosen Objekten von Geschichte.

Auch das «Centro Studi e Documentazione» betrachtet das unvoreingenommene Sammeln von Materialien als eine seiner primären Aufgaben. Der Wortlaut des Statuto (Auszüge in diesem Heft dem Bericht von Pino Mongiello beigegeben) sowie Inventare zweier Teilarchive des Centro beschließen diese Darstellung der Pläne einer Stadt, die Erforschung des tragischen Abschnitts ihrer Geschichte selber in die Hand zu nehmen.

Titus Heydenreich

Eugenio Turri (a cura di:) *Il Garda. Percezioni di un paesaggio.* Gardone Riviera, Comunità del Garda 2002.

Fast durchweg von Kommunen und der örtlichen Wirtschaft gesponsert, veröffentlicht die Region Garda in zwangloser Folge wertvolle Ergebnisse von Selbsterforschung, aus denen stets auch die überregionale Dimension der örtlichen Kultur hervortritt. So die Akten zweier internationaler Tagungen in Salò (1969) bzw. Desenzano (1986), der von Giorgio Borelli betreute Sammel-(doppel)band von 1983, Albino Tonellis Begleitmonographie zur Ausstellung über von Hartungens Sanatorium in Riva (1995) oder *Il lago di Garda*, 2001 von Ugo Saura (u.a.) herausgebracht: s. die untenstehende Bibliographie. Keinesfalls ephemere Anstrengungen, wie die *Commentari dell'Ateneo di Brescia*, die *Memorie dell'Ateneo di Salò* oder Periodica wie *Il Sommolago* (Arco, bisher 20 Jahrgänge) und – für ein breiteres Publikum – *Atlante Bresciano* (Direktor: Carlo Simoni, seit der Gründung 1984 76 Hefte) beweisen.

So richten sich im Folgenden die Blicke auf den von Eugenio Turri betreuten Band nicht nur, aber zugestandenermaßen auch aus Zufall: Er ist der jüngst erschienene, jüngstes Produkt der Comunità del Garda (Nachfolgeinstitution der 1907 gegründeten Selbstschutzgemeinschaft Pro Benaco), deren Präsident, Pino Mongiello, denn auch das Grußwort schrieb.

Der Band lebt vom Nebeneinander von Bildern und Texten. Die Bilder: zumeist Landschaftsphotographien, historische bzw. von Basilio Rodellas Kamera eingefangen. Die Texte: nicht mehr als ein halbes Dutzend, allesamt gegen die destruktive Monokultur des Massentourismus angehend. Eugenio Turri beschreibt die geographische, auch siedlungsgeographische Entwicklung des Garda, von der eiszeitlichen Genesis bis zur Überbesiedlung und Ausbeutung der Küsten seit wenigen Jahrzehnten, die die jahrhundertealte harmonische Konvivenz von Mensch und Natur auflösten. Renata Salvarini skizziert die auch ökonomische Bedeutung der «castelli, pievi e insediamenti spars» im Mittelalter, bevor vom Trecento an Landwirtschaft und Handel sich auf die Bedürfnisse der nächstgelegenen, gewachsenen Stadtzentren umstellten. Daniela Zumiani zeichnet die landwirtschaftlichen und kulturellen, humanistischen Funktionen von Villen in den vier Jahrhunderten venezianischer Herrschaft nach, nicht ohne Unterschiede in Lebensauffassung und Lebensstil auf der venetischen und der (westlichen) lombardischen Seeseite hervorzuheben. Das 19. Jahrhundert kann zumeist nur noch mit historischen Nachblüten aufwarten. Vollends desolat die hypertrophe, stilindifferente Bauwut der Gegenwart, während ältere Villen, im Unterhalt zu kostspielig oder als unzureichend komfortabel empfunden, häufig verfallen. Carla Boroni erinnert an die wichtigsten Zeugnisse literarischer Garda-Ergriffenheit: vom Poeten Catull über den Humanisten Silvan Cattaneo (der eine in Verona, der andere in Salò geboren) bis hin zu den seit Goethe vom Norden Anreisenden. (Verwiesen sei im Zusammenhang auf eine rezente zweisprachige, bibliophile Ausgabe zweier *Novellen vom Gardasee* (^{1}1902) von Paul Heyse: s. Bibliographie). Vollständigkeit kann und will die Verfasserin nicht anstreben. Hervorhebenswerter erscheint ihr der Übergang von Rezeption realer Garda-Natur zur Projektion eigener Fragen (und Ängste) in hierfür sich anbietende Garda-

Ausschnitte, etwa das felsenumzingelte Riva für Kafka. Mauro Grazioli geht den landschaftlichen Veränderungen durch den Zustrom von Elite-Reisenden der (ersten) Jahrhundertwende und durch den Massentourismus ab den 50er Jahren nach. Besonders eindrucksvoll hierzu die Vorher-Nachher-Exempel durch Photographien und Gemälde. Herfried Schlude umreißt die vielfältigen Aspekte deutschsprachiger Präsenz am See zwischen frühem Mittelalter und spätem Novecento, von Kaiser Otto bis André Heller: in der Literatur von der frühen Epik über Goethe und Henry Thode bis Frieda von Richthofen, die zwar selber nichts schrieb, aber David Herbert Lawrence zu einem Aufenthalt in Gargnano bewog; in der Kunst von Dürer über Hans Thoma und Kaulbach zu Klimt und Michael Zemo Diemer; in der Villen-, Hotel-, und – vereinzelt – Kirchenarchitektur. Schlude nennt auch Namen und Wohnsitze deutscher Machtträger entlang der Westküste in den R.S.I.-Jahren 1943-1945.

Eine wehmütig stimmende Alternative zum dominierenden «mordi e fuggi»-Verhalten heutiger Touristen bietet das Schlusskapitel mit dem Titel «Navigar lento e meditativo»: Die Berichte über zwei Segelbootreisen – von Süden nach Norden und zurück – aus dem 20. bzw. 16. Jahrhundert: synoptisch Mario Baldoli links, Silvan Cattaneo (aus dessen *Dodici giornate*) rechts. Es verbindet die beiden zeitlich so entfernten Texte die Fähigkeit und Bereitschaft der reisenden Freundesgruppen zum ungehinderten, hastlosen Gleiten auf der Wasserfläche, zu Zwischenhalten am Ufer in Muße und Geselligkeit.

Der Untertitel des Bandes, *Percezioni di un paesaggio*, erweist sich als nicht zufällig. Im Vordergrund steht fast durchgehend die Wahrnehmung der Landschaft, der Wandel dieser Wahrnehmung aus historischen, kulturellen, ökonomischen Gründen, zuletzt auch: der Wandel durch Kulturschwund, durch die Attraktivität des schnellen Geldes. Außen vor bleiben somit – vorsätzlich oder nicht – zwei Faktoren, die auf den «paesaggio» gleichfalls – zumindest partiell – Veränderungen herbeizwangen: Zeitgeschichte und Politik in der 1. Hälfte des 20. Jahrhunderts. Einige Beispiele: die Festungs- und Batterie-Anlagen auf der Insel Trimelone (gegenüber von Cassone) im 1. Weltkrieg, nicht zur Freude des habsburgischen Riva. (Abb. in Ugo Sauro 2001, S. 180); die vom italienischen Militär zu analogen Zwecken angelegten Straßen im Alto Garda; d'Annunzios monumentale Historisierung des Geländes um Cargnacco zum Vittoriale. Ähnliches ließe sich zu Carla Boronis «*Sguardi d'autore*» anmerken. Er klingt mit Kafka, Lawrence, Gide und (1968) Riccardo Bacchelli aus, allesamt Literaten, die suo modo den «paesaggio» im Blick haben, nicht den See als politischen Schauplatz. Anderenfalls hätte man junge und jüngste, durchaus am Garda angesiedelte Literarisierungen des R.S.I.-Trienniums einbeziehen müssen. Romane des Slovenen Boris Pahor (*La villa sul lago*, Rovereto, Nicoledi 2002, im Original schon 1952 entstanden), von Carlo Lucarelli (*Carta bianca*, Palermo, Sellerio 1990) u.a. Erst 2003 erschien «per lettori dai dieci ai tredici anni», *La villa del lago, Repubblica di Salò 1943-1944* (Milano Mondadori) von Lia Levi (zur Autorin s. Zibaldone 22, 1996, S. 81ff. und 136). Engagierte Aufarbeitungen einer dunklen, zum Glück kurzen Epoche. Sie können im Band ausgeklammert bleiben, auch angesichts des besorgniserregend rapiden, womöglich schon irreversiblen Zerfalls von in Jahrtausenden gewachsenen Natur- und Kulturwerten.

Titus Heydenreich

Bibliographie

Frugoni, Arsenio; Emilio Mariano (a cura di:) *Il lago di Garda. Storia di una comunità lacuale*, 2 Bände. Salò: Ateneo di Salò 1969 (^{2}1973) (Atti del Congresso Internazionale promosso dal Ateneo di Salò).

Kanceff, Emmanuele (a cura di:) *Il Garda nella cultura europea*. Atti del Congresso internazionale (25-30 sett. 1982), 2 Bände, Genf, Editions Slatkine 1986 (Biblioteca del viaggio in Italia, 14).

Borelli, Giorgio (a cura di:) *Un lago, una civiltà: Il Garda*, 2 Bände. Verona: Banca Popolare di Verona 1983.

Tonelli, Albino: *Ai confini della Mitteleuropa. Il Sanatorium von Hartungen di Riva del Garda. Dai fratelli Mann a Kafka gli ospiti della cultura europea*. Riva: Comune di Riva del Garda. Biblioteca Civica – Museo Civico 1995.

Saura, Ugo; Carlo Simoni; Eugenio Turri; Gian Maria Varanini (a cura di): *Il lago di Garda*.

Sommacampagna (VR), Cierre Edizioni 2001.

Heyse, Paul von: *Novelle gardesane. Novellen vom Gardasee.* (Uccelli canori / Gefangene Singvögel; Una notte veneziana / Eine venezianische Nacht). Traduzione: Silvia Faini. Commezzano-Cizzano (Brescia): Skepsis Editrice Italiana o.J. (2001). (Mit Reproduktionen von Stichen und Gemälden des beginnenden 19. bzw. 20. Jhds. sowie Photographien von Gian Butturini).

[Istituto Italiano di Cultura di Berlino]: *La cultura italiana. Percorsi bibliografici.* A cura di Alberto Tommasi e Gherardo Ugolini. Presentazione di Pierangelo Schiera. Osnabrück: Universitätsverlag Rasch, 2002. 180 S.

In der Einleitung zu der 1987 in 2. Auflage erschienenen Broschüre *Landeskunde in der Kollegschule. Bibliographische Informationen für den Italienischlehrer* schrieben die Verfasser zu Recht: «Auf keinem Gebiet des Fremdsprachenunterrichts ist die Klage über fehlende Informationsquellen so deutlich und so berechtigt wie im Bereich der Landeskunde, und zwar unter anderem, weil hier die jeweiligen Auskunftsmittel rasch veralten».[1] Weiterhin bemängelten sie, dass «die Aufarbeitung landeskundlicher Materialien gerade für den Italienischunterricht bisher so gut wie gar nicht erfolgt ist».[2] Diese Feststellungen sind bis heute leider weiterhin gültig. Darum war es ein verdienstvolles Unterfangen von Alberto Tommasi und Gherardo Ugolini, seit 1992 erschienene Werke zur Kultur Italiens in einer auf Italienisch verfassten, kommentierten Bibliographie zu erschließen, wobei ihnen elf weitere Mitarbeiterinnen und Mitarbeiter zur Seite standen.

Die «Introduzione» von Alberto Tommasi enthält Erläuterungen zum Inhalt, den Zielen und den Adressaten des Bands. Ausführlich und gekonnt wird auch der Kulturbegriff dargestellt. Das erste Kapitel behandelt dann das Thema «Lingua e cultura nella didattica». In sieben weiteren Kapiteln, die wichtige Einzelgebiete der italienischen Kultur betreffen – Politik, Wirtschaft und Territorium, nationale Identität, Religion, Kunst, Theater und Film –, werden jeweils nach einer Einführung insgesamt 73 Werke ausführlich vorgestellt. Dazu kommt noch eine Reihe von Kurzrezensionen. Das Kompendium schließt mit einem Namen- und Sachverzeichnis und einer Liste der Buchbesprechungen.

Am umfangreichsten ist das Kapitel «Politik». Neben allgemeinen Veröffentlichungen zur italienischen Parteienlandschaft bespricht Gherardo Ugolini der DC, dem PCI bzw. dem PDS, dem MSI bzw. der AN sowie der Lega Nord gewidmete Bücher; dann behandelt er das Wahlsystem und stellt kurz auch die Splitterparteien der Parlamentswahlen von 2001 vor, deren Ergebnisse er zum Schluss kommentiert. Man spürt hier wie auch an anderen Stellen das löbliche Bestreben des Autors, neben den Buchbesprechungen noch Zusatzinformationen über das jeweilige Gebiet zu geben. Teilweise hat man jedoch den Eindruck, dass dieses Anliegen in den Vordergrund tritt; z.B. ist die Besprechung von Aldo Agosti: *Storia del Partito comunista italiano 1921-1991* weniger eine Rezension als ein enzyklopädischer Artikel über die Geschichte des PCI. Andere Autoren beschränken sich dagegen auf reine Inhaltsangaben, ohne kritische Anmerkungen zu machen oder die Brauchbarkeit des jeweiligen Werks zu diskutieren. Dies trifft u.a. auf das Kapitel «Economia e territorio» zu. Besonders gelungen ist dagegen das Kapitel «Identità nazionale», in dem sich Gherardo Ugolini engagiert mit den Thesen der rezensierten Bücher auseinandersetzt.

Ein Kompendium mit dem anspruchsvollen Titel «La cultura italiana» weckt große Erwartungen, die Schwierigkeiten bestehen aber vor allem in der Abgrenzung des komplexen Begriffs «cultura italiana». Hier lassen sich zwei Probleme erkennen:

1. Der Leser erwartet von einem derartigen Nachschlagewerk, dass alle relevanten Gebiete der italienischen Kultur abgedeckt werden. Dem ist aber nicht so. Vielmehr sind nur die bereits erwähnten Bereiche berücksichtigt. Jedoch schon in der Einleitung erfolgt die Ankündigung einer Neuauflage des Bands, in der dann u.a. so bedeutsame Aspekte wie «Migrazioni internazionali», «Cucina e tradizioni», «Mass Media» und «Costituzione e Stato» berücksichtigt werden sollen.[3]

2. Alberto Tommasi zeigt zwar überzeugend sechs Facetten des Grundbegriffs «cultura»[4] auf, er unterlässt aber die ebenso wichtige Definition des Wortes «italiana», ein Manko, das sich durch das gesamte Werk zieht. Denn was ist eigentlich «*italienische* Kultur», wo sind ihre territorialen Grenzen? Gehören Südtirol, das Aosta-Tal und Sardinien zur «cultura italian»? Und wie steht es mit Korsika, dem Tessin etc.? Ist «italienische Kultur» nicht auch außerhalb von Italien vorhanden? Eine sorgfältig differenzierende Diskussion der «Extension» des für den gesamten Band grundlegenden und für die italienische Identität so bedeutsamen Begriffs «cultura italiana» ist leider vermieden worden. Bezeichnenderweise fehlen bibliographische Informationen zu den sprachlich-kulturellen Minderheiten Italiens; derartige Hinweise sind aber für die geplante Neuauflage vorgesehen.

Über die Auswahl und die Gewichtung der rezensierten Werke lässt sich im Einzelfall sicher trefflich streiten. Gewiss gibt es Lücken oder werden Spezialfragen – z.B. die Funktionen der «confraternite» (S. 113) oder die Erscheinungsformen des «terzo teatro» (S. 141f.) – zu ausführlich behandelt. Problematischer sind jedoch die allgemeinen Erörterungen zum linguistischen Relativismus sowie zu fremd- und fachsprachendidaktischen Fragen des wie ein Fremdkörper erscheinenden ersten Kapitels «Lingua e cultura nella didattica», in dem die drei Autorinnen weitgehend auf angloamerikanische und deutsche Forscher, so auf Hartwig Kalverkämper, rekurrieren. Inhaltlich trägt dieses Kapitel allerdings nichts zu einer Erweiterung der Vorstellungen des Lesers von *italienischer* Kultur bei. Denn welchen Erkenntniswert haben hierfür beispielsweise folgende abstrakte Überlegungen von

Giovanna Pelizza: «La cultura di un popolo [...] da un lato libera gli individui dal caos della natura, attraverso l'attribuzione ordinata di significati alle cose; mentre dall'altro costringe e imprigiona la libertà dello spirito, circoscrivendo la gamma dei possibili significati.» (S. 19) Ist die Natur wirklich ein chaotisches Ganzes, das der Mensch (nur) durch Sprache ordnen und bewältigen kann, und ist Sprache wirklich ein Gefängnis für die Freiheit des Geistes?

Angesichts der fortschreitenden Internationalisierung des Wissens, aber ebenfalls wegen der mehrfachen Berufung (S. 31ff.) auf sprachwissenschaftliche Studien im deutschsprachigen Raum («ambito germanofono») erscheint es befremdlich, dass in den folgenden Rezensionen fast ausschließlich Publikationen in italienischer Sprache berücksichtigt worden sind. Befremdlich auch deshalb, weil das in einem deutschen Verlag erschienene Buch auf eine 1995 in Weimar durchgeführte Tagung mit dem Titel «I lettori d'italiano in Germania» sowie auf spätere Lektoren-Treffen in Chemnitz-Zwickau, Osnabrück, Potsdam und Heidelberg zurückgeht und vom Italienischen Kulturinstitut Berlin gefördert worden ist. Hätten nicht einige Standardwerke aus Deutschland[5] (und aus England[6] und Frankreich[7]) einbezogen werden müssen? Lediglich im Kapitel «Arte» hat Silvia Ferrari mehrere nichtitalienische Publikationen ausführlicher rezensiert. Im Unterkapitel «Opera lirica – librettistica» (Teil des Kapitels «Teatro», das schwerpunktmäßig Büchern von Clelia Falletti Cruciani und Fabrizio Cruciani gewidmet ist) bedauert Carlo Pacini dagegen sogar ausdrücklich, dass die gut strukturierte Website «http://www.operone.de» nur auf Deutsch zur Verfügung stehe («sito originale e talmente ben costruito da lamentare ehe sia disponibile solo in tedesco»; S. 150).[8] Hier wie in vielen anderen Fällen zeigt sich, dass im Ausland veröffentlichte italienische Kulturstudien in Italien anscheinend immer noch kaum wahrgenommen werden. Oder wollten die Herausgeber, indem sie sich fast ausschließlich auf Werke italienischer Autoren beschränkten, etwa andeuten, dass das begriffliche Instrumentarium zur Beschreibung einer nationalen europäischen Kultur je nach den wissenschaftlichen Traditionen des Landes anders beschaffen ist?

Von einer kommentierten Bibliographie zur italienischen Kultur hätte man sicher einen entschiedeneren Beitrag zum Kulturtransfer erwarten dürfen; auch bei den behandelten Teilgebieten sind noch große Lücken auszufüllen. Dies alles soll aber die Verdienste des vorliegenden Versuchs nicht schmälern, der in einer Neuauflage sicher verbessert werden kann. Es ist der erste Schritt zu einer bibliographischen Erschließung der italienischen Kultur gemacht. Schon die vorliegende Version liefert viele interessante Anregungen für Unterricht und Forschung, für Bibliotheken, aber auch für jeden, der mehr über italienische Kultur wissen möchte.

Richard Brütting

Anmerkungen

1 [Landesinstitut für Schule und Weiterbildung (Hrsg.)]: *Landeskunde in der Kollegschule. Bibliographische Informationen für den Italienischlehrer* von Karl-Richard Bausch, Ulrich Bliesener, Herbert Christ, Hans-Joachim Rang, Konrad Schröder. Soest: Soester Verlagskontor, 1987 (2. Aufl.), S. 7.

2 Ebd., S. 7f.

3 Informiert werden sollte dann auch über Werke zur italienischen Geschichte, u.a. über Bruno Bongiovanni / Nicola Tranfaglia (a cura di): *Dizionario storico dell'Italia unita* (1996), über das Rechts- und Gesundheitswesen, soziale Unterstützungssysteme, die Arbeiterbewegung und die Sicherheitskräfte; vor allem aber sollten jährlich erscheinende Publikationen vorgestellt werden, z.B. ISTAT (*Compendio statistico italiano; Rapporto sull'Italia*); CENSIS (*Rapporto sulla situazione sociale del paese*); EURISPES (*Rapporto Italia*); adn kronos (*Il libro dei fatti*). Diese Jahrbücher mit ihren umfangreichen Datensammlungen und teilweise auch Datenauswertungen sind unerlässliche Hilfsmittel für Forschung und Unterricht.

4 Warum hat Giovanna Pelizza einige Seiten später erneut eine (überflüssige) Definition des Kulturbegriffs versucht?

5 Beispielsweise Carmine Chiellino / Fernando Marchio / Giocondo Rongoni: *Italien* (3., neubearbeitete Aufl.

1995); Luigi Vittorio Graf Ferraris / Günter Trautmann / Hartmut Ullrich (Hrsg.): *Italien auf dem Weg zur «zweiten Republik»? Die politische Entwicklung Italiens seit 1992* (1995); Ernst Ulrich Große / Günter Trautmann: *Italien verstehen* (1997); Klaus Rother / Franz Tichy: *Italien. Geographie – Geschichte – Wirtschaft – Politik* (2000).

6 Beispielsweise Mario B. Mignone: *Italy Today. A Country in Transition* (1995); David Forgacs / Robert Lumley (Ed.): *Italian Cultural Studies. An Introduction* (1996); Zygmunt G. Baranski / Rebecca J. West (Ed.): *The Cambridge Companion to Modern Italian Culture* (2001).

7 Beispielsweise Janine Menet-Genty (sous la direction de): *L'economie italienne. Les paradoxes d'une réussite* (1992); Jacques Georgel: *L'Italie au XXe siècle (1919-1995)* (1996).

8 Die wenigen nicht-italienischen Wörter, die im Kompendium vorkommen, sind leider nicht immer korrekt geschrieben (S. 34, 46, 49, 51, 97 u.ö.).

Birgit Tappert (Hrsg.): *Vom Bestseller zum Klassiker der Moderne. Giuseppe Tomasi di Lampedusas «Il Gattopardo»*. Tübingen: Stauffenburg 2001.

Anlässlich seines hundertsten Geburtstages wurde dem sizilianischen Autor Giuseppe Tomasi di Lampedusa verspätet jene Anerkennung zuteil, die ihm zu Lebzeiten versagt blieb. Die Feierlichkeiten des Jahres 1996 beschränkten sich nicht auf Palermo. Auch die Universität Bonn würdigte den Autor des internationalen Bestseller-Romans *Il Gattopardo* im Rahmen eines deutsch-italienischen Kolloquiums, dessen von Birgit Tappert herausgegebene Akten 2001 beim Tübinger Stauffenburg Verlag erschienen sind.

Den Auftakt bildet zu Recht Richard Baums nicht nur in quantitativer Sicht herausragender Beitrag. Auf der Grundlage der von Tomasi di Lampedusa selbst – besonders in den *Lezioni su Stendhal* – geäußerten poetischen Reflexionen beschreibt er (auch unter Einbeziehung der Erzählung *Lighea*) das strukturelle Prinzip des *Gattopardo* bzw. dessen Erzählstrategien. Baums Augenmerk gilt den linguistischen und narrativen Elementen des

Romans, die er auf mikro- und makrostruktureller Ebene eingehend analysiert. Die von ihm eingangs formulierte Frage, was denn eigentlich ein ‹Klassiker› sei, wird von Baum am Ende seines Beitrags wieder aufgegriffen, und mündet – bei gleichzeitiger Hinterfragung des prinzipiellen Werts sekundärliterarischer Interpretationen – in einem Plädoyer für die ‹Lektüre›.

Arnaldo Di Bendettos Analyse, die einleitend auf konzeptionelle Unstimmigkeiten und Schwächen hinweist, zielt auf die «Architektur des Romans» (S. 66) ab. Di Benedettos Augenmerk gilt insbesondere den acht nicht chronologisch abgefassten, lediglich lose miteinander verbundenen «parti», die er von der traditionellen Unterteilung in Kapitel abgrenzt, um so deren Bedeutung als eigenständige narrative Einheit zu verdeutlichen. Er führt Lampedusas ungewöhnliches Strukturprinzip auf dessen Plan zurück, beeinflusst von Joyce, einen auf den Handlungszeitraum von 24 Stunden komprimierten historischen Roman über die Landung Garibaldis in Marsala zu schreiben.

Justin Stagl konzentriert sich zunächst exemplarisch auf einige der zahlreichen Metaphern, die Lampedusa in *Il Gattopardo* geschickt miteinander zu verbinden versteht: «Das Geflecht der Metaphern spiegelt sich oft wieder [sic!] in der Metapher des Geflechts. So wird die lineare Flucht der Zeit durch Momente des Zyklischen festgebannt; Linie und Kreis verknüpfen sich zur schönen Geometrie eines Spinnennetzes» (S. 147). In einem weiteren Schritt nähert er sich, ausgehend von den Theorien zyklischen und linearen Verlaufs, den geschichtsphilosophischen Aspekten des Romans. Stagl zufolge «verbindet auch die Soziologie des *Gattopardo* Linie und Kreis, Fortschrittsdenken und Zyklenlehre» (S. 151).

Edward Reichel unterstreicht die Analogien zwischen Lampedusas Geschichtsverständnis und Fernand Braudels «Nouvelle Histoire»: «Im *Gattopardo* begegnet uns», so Reichel, «der historische Gesamtprozess in exakt derselben Dreiteilung, in drei Schichten, in denen sich die historischen Prozesse und Ereignisse unterschiedlich schnell [...] entwickeln» (S. 118), d.h. die Geschichte vollzieht sich, wie bei Braudel, in drei Phasen bzw. auf drei Ebenen. Don Fabrizio begründet die Kontinuität im Denken und Handeln der Sizilianer mit den klimatischen Bedingungen der Insel, was zugleich die Frage nach der Existenz eines spezifischen sizilianischen ‹Nationalcharakters› aufwirft. Daran anknüpfend, bietet Reichel vor dem Hintergrund gängiger Klima- und Volkscharakter-Konzeptionen einen stark gerafften Abriss diverser Klimatheorien seit der Antike.

Bereits 1959 erschien Charlotte Birnbaums deutsche Übersetzung des *Gattopardo*. Obwohl, ähnlich wie in Italien, auch hierzulande Lampedusas Roman rasch zum populären Bestseller avancierte, reagierte die deutsche Literaturkritik, von einigen Ausnahmen abgesehen, vergleichsweise verhalten auf diesen Erfolg. Willi Hirdt, der in seinem rezeptionsgeschichtlich ausgerichteten Beitrag eben dieses Missverhältnis beleuchtet, vertritt die Ansicht, «daß der Grund dafür in dem begrenzten Interessenhorizont der damaligen akademischen Kritik zu suchen ist, die sich mehr mit narrativen Experimenten und methodologischen Fragen wie etwa dem Strukturalismus als mit epischem Erzählen im Sinne der Tradition des 19. Jahrhunderts auseinandersetzte» (S. 90 f.).

Die zentrale Position Don Fabrizios innerhalb des Romans hat auch in der Sekundärliteratur zu einer starken Fokussierung auf die Gestalt des Principe geführt. Helga Reimanns Interesse gilt daher den bislang weniger beachteten Frauenfiguren, die keineswegs nur «reine Staffage» (S. 127) bilden, sondern vielmehr in ihrer Gesamtheit ein komplementäres Bild der postrisorgimentalen sizilianischen Gesellschaft ergeben. Lampedusa rekurriert dabei, so Reimann, auf «die für den gesamten katholischen mediterranen Raum charakteristische Gegenüberstellung von *Eva* und *Maria*» (S. 129).

Titus Heydenreich illustriert, inwieweit sich die Dekadenz des Hauses Salina – und damit exemplarisch eine ganze soziale Schicht – im Verfall religiöser Werte widerspiegelt. «Religion, Christentum wirken hier nicht handlungsbestimmend, sondern lediglich handlungsbegleitend, oft, zu oft auf belächelnswertem Niveau» (S. 79). Don Fabrizios religiöse Skepsis geht auf in seiner Begeisterung für die Astronomie, d.h. «seine *religio* ist vorchristlich-mythischer, pantheistischer Natur» (S. 80), die ‹überzeugender› scheint als das Festhalten an sinnentleerten Riten, wie die ‹enttäuschende› finale Pointe – die über Jahre hinweg gesammelten ‹Reliquien› erweisen sich als wertloser Tand – eindrucksvoll zeigt.

Lampedusas Verknüpfung real existierender, topographisch rekonstruierbarer Räumlichkeiten mit rein fiktionalen, hat in der Forschung zu (teilweise jedoch zu undifferenzierten) ‹Wiedererkennungsversuchen› geführt. Enrico Iachello, der in seinem Beitrag der Frage «nach der Funktionsweise und den charakteristischen Merkmalen der Raumdarstellungen bei Lampedusa» (S. 107) nachgeht, untersucht, inwieweit sich Personen oder ganze soziale Gruppen über ihr Verhältnis zum sie umgebenden Raum definieren. Er kommt zu dem Schluss, dass die «Seelenzustände, Überlegungen und Gesten des Fürsten» mit «dem Raum, in dem sie sich entfalten, fest verankert sind» (S. 108).

Die Dekadenz der sizilianischen Aristokratie manifestiert sich auch im Verfall der sie umgebenden Kunstgegenstände. Birgit Tappert verweist daher auf die Vielzahl (z.T. sehr detailliert) beschriebener Kunstwerke im *Gattopardo*, die sie – in ihrer Funktion als Zeichen sozialer Standeszugehörigkeit und somit «sichtbarer Ausdruck feudaler Standesprivilegien» (S. 156) – als wesentlichen Bestandteil der textimmanenten Symbolik wertet. Anhand von drei exemplarisch ausgewählten Objekten (der dekorativen Ausstattung des Rokoko-Saals, des Amphitrite-Brunnens sowie an Jean-Baptiste Greuzes *Le Fils puni*) arbeitet sie die zentralen Themen des Romans überzeugend heraus: «Wahrung und Wandel, Sinnlichkeit und Tod, vor allem aber auch der Niedergang der Adelsschicht» (S. 157).

Gelegentlich mag den mit der einschlägigen Literatur vertrauten Leser bei der Lektüre der in sprachlich-stilistischer wie inhaltlicher Hinsicht divergierenden Beiträge das leise Gefühl eines *déjà lu* beschleichen; unterschiedlich ist auch der Erkenntnisgewinn, der sich aus der Vertiefung bekannter Problemstellungen ergibt. Was letztlich jedoch überwiegt, ist der positiv zu verzeichnende Umstand, dass mit dem vorliegenden Band ein längst fälliges Desiderat der deutschsprachigen Romanistik erfüllt, und so, wenn auch lang noch nicht erschöpfend, eine ihrer großen Forschungslücken geschlossen werden konnte.

Felice Balletta

Paolo Ruffilli, *Dunkelkammer / Camera oscura*, Rimbach: Verlag im Wald 2002.

Bis zur Mitte der sechziger Jahre des vergangenen Jahrhunderts (es genügt an die Erfolge Benns und Brechts zu erinnern) spielte Lyrik in den Programmen der großen belletristischen Verlage keineswegs wie heute eine ausschließlich marginale Rolle, und bis vor wenigen Jahrzehnten erschienen etwa bei Suhrkamp und Piper regelmäßig sorgfältig betreute zweisprachige Ausgaben angelsächsischer oder romanischer Dichter. Das ist Vergangenheit. Umso erstaunlicher und bewundernswerter sind die Initiativen des 1943 in Trier geborenen, heute in Rimbach ansässigen und unweit der tschechischen Grenze am Gymnasium in Kötzting als Lehrer für Englisch und Französisch tätigen Rüdiger Fischer. In dem von ihm gegründeten *Verlag im Wald* sind inzwischen mehr als fünfzig Titel, u.a. mehrbändige Anthologien zeitgenössischer französischsprachiger Dichtung, aber auch einige Werke italienischer Lyriker in zweisprachigen Ausgaben erschienen. Sie werden editorisch akribisch betreut und in ansprechender bibliophiler Aufmachung veröffentlicht. Dies gilt auch für den hier anzuzeigenden, von Tobias Burghardt und Rüdiger Fischer ins Deutsche übersetzten Gedichtband. (Er wurde 1992 bei Garzanti in Mailand in der Originalfassung publiziert).

Paolo Ruffilli, 1949 in Rieti geboren, aber seit 1972 in Treviso lebend, nimmt inzwischen im Rahmen der italienischen Lyrik der zweiten Hälfte des zwanzigsten Jahrhunderts einen festen Platz ein, wie seine Aufnahme in die 1996 von Maurizio Cucchi und Stefano Giovanardi für Mondadoris Klassikerbibliothek *I Meridiani* herausgegebene repräsentative Anthologie *Poeti italiani del secondo Novecento, 1945-1995* dokumentiert. Außerdem belegen zahlreiche kritische Stellungnahmen namhafter Literaturwissenschaftler und Dichterkollegen zu seiner sich inzwischen über drei Jahrzehnte erstreckenden lyrischen Produktion, angefangen von *La guercia delle gazze* (1972) bis zu *La gioia e il lutto. Passione e morte per Aids* (2001), den Sachverhalt.

Die italienische Lyrik des 20. Jahrhunderts steht spätestens seit Camillo Sbàrbaros *Pianissimo* (1914) und Montales *Ossi di seppia* (1925) im Zeichen einer expliziten oder impliziten Absage an die von den «poeti laureati» am Leben gehaltene Tradition sprachlicher und stilistischer Erlesenheit und rhetorischer und prunkvoller Wort- und Satzgebilde. An ihre Stelle rückte die Suche nach kargem und wesentlichem Ausdruck, nach wissenschaftlicher und schmuckloser Exaktheit, freilich ohne Verzicht auf eine sorgfältige Komposition von Vers und Strophe.

Camera oscura ist vom Verfasser den Eltern gewidmet. Aus gegebenem Anlass, da im Hauptteil in kurzen Versen (in der Regel handelt es sich um Fünf- oder Siebensilber) in 8 x 4 jeweils durch eine knappe reflektierende Komposition getrennten Gedichtsequenzen insgesamt 32 Photographien eines Familienalbums beschrieben und dann jeweils vom lyrischen Ich kommentiert werden. Nicht um elegisch-gefühlvolles Schwelgen in den Bildern der Vergangenheit geht es dabei, vielmehr um die oft durch scheinbar unwesentliche Details und Gesten der auf den Bildern festgehaltenen Gegenstände und Personen aufgeworfenen Fragen sowie die durch sie ermöglichte und von Carlo Emilio Gadda in seinem berühmten Romanfragment bereits im Titel thematisierte «Erkenntnis des Schmerzes» oder um es in den Worten von Ruffillis letztem Gedichtband auszudrücken: um «Freude und Trauer» menschlichen Daseins.

Paradoxerweise schärfen gerade die auf den Photographien festgehaltenen Augenblicke in ihrer scheinbaren Endgültigkeit das Bewusstsein des sich erinnernden Betrachters hinsichtlich des unaufhaltsamen Zerrinnens der Zeit: «Mi balenò, a sei anni, / la prima volta / l'idea dell'inarrestabile / declino, il correre / di tutto a un punto morto.» – «Mit sechs Jahren / überfiel mich zum ersten Mal / die Vorstellung, dass alles / unaufhaltsam verfällt, / auf einen toten Punkt zuläuft.» (S. 94/95).

Johannes Hösle

Norberto Bobbio, *Trent'anni di storia della cultura a Torino 1920-1950.* Introduzione di Alberto Papuzzi, Torino: Einaudi 2002

Allessandro Roveri, *Giorgio Bassani e l'antifascismo 1936-1943*, Sabbioncello San Pietro (Ferrara): 2G Editrice 2002.

Lässt sich die Intellektuellengeschichte eines Landes wie Italien angesichts einer historischen Epoche wie dem Faschismus mithilfe von Porträts der Protagonisten darstellen? Oder erfordert die Fragestellung nicht ein ganz anderes methodisches Vorgehen (beispielsweise eher statistischer als individualhistorischer Art)?

Die Frage stellt sich bei der Lektüre von so unterschiedlichen Bänden wie den beiden hier anzuzeigenden erneut und verstärkt. Erst auf den zweiten Blick haben die Bände miteinander zu tun: Beide thematisieren nämlich unterschiedliche Verhaltensweisen und Verweigerungsstrategien regionaler Kulturen Italiens angesichts des Faschismus.

Norberto Bobbios Band, erstmals 1977 in kleiner Auflage außerhalb des Buchhandels anlässlich der 150-Jahrfeier der Turiner Sparkasse erschienen und dann bis zum ersten ‹öffentlichen› Druck im Frühjahr 2002 praktisch in Vergessenheit geraten (wenngleich die zentralen Thesen des Bandes und seine Erinnerungen an die wichtigsten Protagonisten einer Turiner Kultur der Zeit sich in mehreren anderen Bänden, von den *Maestri e compagni* von 1984 bis zur *Autobiografia* von 1997, wiederfinden)[1], besteht vor allem aus Porträts. «Wer diese Seiten liest», heißt es im kurzen Vorwort, «darf keine Chronik erwarten. Als Chronik sind sie zu unvollständig: sie handeln von Personen und Dingen aus meiner spezifischen Interessensphäre und sind stumm für Kunst und Musik. Und als Geschichte sind sie zu persönlich: sie bestehen aus Erinnerungen, nicht aus Dokumenten».

Bobbios Grundüberzeugung ist es, dass man von einer ‹Turiner Kultur› zumindest für die Zeit zwischen den beiden Weltkriegen sprechen kann, für eine – ‹selbstverständlich› nicht faschistische – Intellektualität von Mitarbeitern aus Universität, Lehre und Forschung (häufig noch einschließlich der Gymnasien), den großen Verlagen und den zahlreichen Zeitschriften jener Industriestadt, die Alberto Papuzzi in seiner Einleitung «das Detroit Italiens» nennt. Seine Porträts beginnen mit Gramsci und Gobetti, die beide – Gramsci die *Ordine Nuovo*, Gobetti die *Rivoluzione liberale* – die beiden entscheidenden ‹militanten› (hier kommunistisch, dort liberal) politischen Zeitschriften edieren, und weitet dann den Blick zu einem breiten Panorama. Viele der großen Namen der Zeit vor dem 2. Weltkrieg erhalten ein kleineres oder größeres Kapitel: der Kirchenhistoriker und -jurist Francesco Ruffini, zeitweilig Rektor der Universität, dann Senator in Rom und 1916/17 Unterrichtsminister, der Wirtschaftswissenschaftler Luigi Einaudi, nach dem Krieg erster italienischer Staatspräsident, die Turiner Schüler Benedetto Croces. Im November 1933 gründet der Sohn Luigi Einaudis, Giulio, den gleichnamigen Verlag, der nach dem Ende des 2. Weltkriegs so stark wie vielleicht nichts anderes im öffentlichen Bewusstsein eine ‹Turiner Kultur› repräsentiert. Hier erscheinen seit Ende der vierziger Jahre zahlreiche Schriften der literarischen Resistenza, Primo Levis *Se questo è un uomo*, das erste Buch Italo Calvinos, Beppe Fenoglio. Den Selbstmord Cesare Paveses, des Lektors und entscheidenden Mannes im Verlag Einaudi, im August 1950 (im Text einmal fälschlich auf 1951 datiert) versteht Bobbio als Schlusspunkt, als «Ende eines Mythos». Das Turin seit den sechziger Jahren sei teilweise eine «Schlafstadt» und teilweise eine «Ghetto-Stadt» geworden (*città-dormitorio, città-ghetto*), die sich «ins nichts von tausend anderen Städten in der Welt unterscheidet» und den Charme ihres intellektuellen Klimas verloren habe. «Mit Pavese ist die Hagiografie des alten Piemont für immer beendet», heißt der Schlusssatz des Textes.

Man wird Bobbio nicht vorwerfen wollen, dass seine Skizzen ganz unterschiedlich sind; unterschiedlich lang, unterschiedlich gewichtig, manchmal rein impressionistisch, manchmal als intellektuelles Porträt mit umfangreichen Anmerkungen. Gedacht sind sie nicht zuletzt als Illustration der bekannten These, der Faschismus sei Unkultur, alle ernstzunehmenden Intellektuellen seien («naturaliter», wie Bobbio sagt) Antifaschisten gewesen. Dass dies nicht völlig falsch, in dieser Zuspitzung aber auch keineswegs richtig ist, ist seit zwanzig Jahren und der Debatte um den vorhandenen oder fehlenden «consenso degli intellettuali» bekannt, schmälert aber nicht das Leseinteresse, wenn man den

Band als weiteren Teil der Erinnerungen eines der letzten intellektuellen Zeugen jener Epoche (Bobbio ist Jahrgang 1909) nimmt. Was Bobbio darstellt, ist eine Geschichte des Kampfes gegen den Faschismus durch *Bücher* und durch intellektuelle *Institutionen*. Zwar versteht er beide als bewegt von Individuen, deren Aktivität sich aber (fast) nur in diesen Formen ausdrückt; ansonsten an verschiedenen ideologischen Fronten kämpfend, aber im Kampf gegen den Faschismus geeint. Nicht zuletzt ein zeitliches Ungleichgewicht wird man dabei in Kauf nehmen müssen: Die Porträts beschreiben weitgehend die Situation in den ersten Jahren des Faschismus und in den ersten Jahren nach ihm; die Zeit von etwa 1935 bis 1945 bleibt demgegenüber nicht ausgeblendet, aber deutlich weniger scharf ausgeleuchtet.

In vielem ganz anders der zweite Band.

Die Eingangsfrage, inwieweit Phänomene wie die Intellektuellengeschichte unter dem Faschismus überhaupt mithilfe einzelner Porträts von Protagonisten analytisch (nicht anekdotisch) in den Griff zu bekommen ist, ist eine methodische Frage, die sich in dieser Form für Bobbio nicht stellt, weil er sie über die Akkumulation von parallelen Porträts zu lösen versucht, die insgesamt als repräsentatives Panorama verstanden werden.

Sie kann angesichts seines Themas zwangsläufig auch vom zweiten der beiden Bände nicht gelöst werden. Er stellt Bobbios Vorgehen des «Panoramas großer Namen» (wie es sich naturgemäß nur für wenige große Städte erstellen lässt, im entsprechenden Zeitraum vielleicht noch für Neapel und Florenz) in gewisser Weise eine lokalhistorische «microstoria» gegenüber und zeigt, wie ein in seiner Stadt fest verwurzelter literarisch interessierter (aber noch keineswegs bekannter) Student aus bürgerlicher jüdischer Familie zunehmend politisch aktiv wird, ‹in den Widerstand hineinrutscht›. Außerhalb Italiens (vielleicht sogar außerhalb Ferraras) war lange Zeit wahrscheinlich nur wenig bewusst, wie sehr Bassani in der zweiten Phase des Faschismus politisch tätig war, dann aber – im Gegensatz zu vielen seiner Mitkämpfer, unter anderem dem bis weit in die 70er Jahre bekannten Ugo La Malfa – auf eine (mehr als nur abstrakt mögliche) Politikerkarriere verzichtete und sich rein der Existenz als Schriftsteller und als Chronist des ‹jüdischen Ferrara› (*Gli occhiali d'oro*, 1958; *Il giardino dei Finzi Contini*, 1962) widmete. Erst eine Selbstaussage von 1979 weist noch einmal auf diesen elementaren Nexus hin: «Die Jahre von 1937 bis 43 widmete ich fast ausschließlich dem Kampf gegen den Faschismus in der Illegalität; erst 1942 begann ich wieder zu schreiben. Ohne diese Jahre, die für mich grundlegend waren, wäre ich, glaube ich, niemals Schriftsteller geworden.»

Roveris Studie zeigt in einer Vielzahl von Details und Namen, wie Bassani weit vor den Rassegesetzen von 1938 bereits politisch aktiv war und wie sich über die Jahre eine politische Struktur in der Illegalität bildete, die versuchte, die ganze Stadt zu umfassen und auch über sie hinaus Kontakte zu halten. Als Liberalsozialist (der kommunistische Widerstand bleibt in der ganzen Studie ausgespart) war Bassani in Ferrara ‹Gründer› eines dem Partito d'Azione nahestehenden Kreises, dem Studenten, Intellektuelle, aber auch Handwerker angehörten und der einerseits in Kontakt mit der größeren Gruppe in Bologna und über diese, ungeachtet mancher ideologischer Diferenzen, auch mit dem entfernten Vorbild Croce in Neapel stand (mit einzelnen Kontakten übrigens auch zu Bobbio in Turin). Leider beschränkt sich Roveris äußerst detaillierte Recherche sehr eng auf Ferrara, sodass die Qualität dieser Verbindungen nicht recht deutlich wird und er zwar kurz erwähnt, dass Bassani zur gleichen Zeit verhaftet wird wie der in Bologna lebende Maler Morandi, ohne dass aber der Zusammenhang diskutiert würde. Unerwähnt bleibt auch, dass Bassani – anders als es die zitierte Selbstaussage nahelegen könnte – um 1940 unter dem Pseudonym Giacomo Marchi publiziert, um der faschistischen Zensur zu entgehen, so unter anderem seinen Erstling *Una citta di pianura*, Milano 1940.[2]

Der Vergleich beider Bände kann – nicht unerwarteterweise – kein kohärentes Ergebnis erbringen. Roveri vermag zu zeigen, dass und wie in einer (wenn auch in unvergleichlich geringerem Maß als Turin, so doch) intellektuell geprägten Kleinstadt politisch *diskutiert* wird (zum Beispiel die «Sieben Punkte» des Partito d'Azione), und dies noch über 1943 hinaus. Die Studie endet mit den Ereignissen von 1946 und nimmt in einem Schlusskapitel als lokalhistorisch wichtiges

Ereignis noch den in Ferrara veranstalteten «Convegno di religione» vom Mai 1948 mit in den Blick. Bobbio zeigt, wie stark sich eine kulturelle und intellektuelle Identität auch in den zwanziger bis fünfziger Jahren noch als keineswegs nationale, sondern lokale und/oder regionale konstituieren kann (und als solche in ihrer Rekonstruktion bestätigt wird). Eindrucksvoll sind auf ihre jeweilige Art beide: als lokale Fallstudien mit den entsprechenden Verdiensten, in eben dieser Isolation aber eben auch mit den entsprechenden Defiziten.

Thomas Bremer

Anmerkungen

1 Vgl. Norberto Bobbio, *Autobiografia* (a cura di Alberto Papuzzi), Bari (Laterza) 1997, die über die faschistische Epoche hinaus bis zum Ende der publizistischen Aktivität Bobbios im Juni 1996 reicht.

2 Nur am Rande sei dabei auf die sehr materialreiche neuere Studie zur faschistischen Zensur von Giorgio Fabre hingewiesen, *L'elenco. Censura fascista, editoria e autori ebrei*, Torino (Silvio Zamorani) 1998, dort S. 386 f. auch die Aufschlüsselung vieler weiterer Pseudonyme.

Vorschau auf die Themenschwerpunkte der nächsten Hefte

Film in Italien
No. 37, Frühjahr 2004

Karikaturen: von Bernini bis Forattini
No. 38, Herbst 2004

Blut im Chianti? Italiens Krimi heute
No. 39, Frühjahr 2005

Cantautori
No. 40, Herbst 2005

Zu den Autoren

Felice Balletta, geb. 1969 in Fürth. – Studium der Italianistik, Germanistik und Hispanistik in Erlangen, Neapel und Barcelona, danach Lehrtätigkeit am Institut für Romanistik der Universität Erlangen-Nürnberg, seit 2000 DAAD-Lektor in Nancy (Frankreich). Herausgeber (zusammen mit Angela Barwig) von: *Italienische Erzählliteratur der Achtziger und Neunziger Jahre*, Frankfurt/M. [Lang] 2003. Derzeit Arbeit an einer Dissertation über den italienischen Kriminalroman.

Angela Barwig, geb. 1972. – Studium der Italianistik, Geschichte und Germanistik in Erlangen und Rom, danach Lehrtätigkeit am Institut für Romanistik der Universität Erlangen-Nürnberg. Herausgeberin (zusammen mit Felice Balletta) von: *Italienische Erzählliteratur der Achtziger und Neunziger Jahre*, Frankfurt/M. [Lang] 2003. Derzeit Arbeit an einer Dissertation über das italienische Autorenlied.

Thomas Bremer, geb. 1954, Studium in Freiburg, Gießen und Bologna; seit 1994 Professor für Romanische Literaturwissenschaft in Halle. Zahlreiche Veröffentlichungen zur italienischen Literatur des 19. und 20. Jahrhunderts; zuletzt erschienen: *Toskana* (Fotobildband, München 2002).

Richard Brütting, geb. 1942 in Bamberg. – OStR. Promotion (1975) in Saarbrücken mit einer Arbeit über den französischen Poststrukturalismus. 1976-75 wiss. Mitarbeiter an der Universität Siegen (Romanistik) Zuletzt Lehrer an der Abendschule für Erwachsene Gießen. Hrsg. des *Italien-Lexikons* (Berlin, Erich Schmidt Verlag 1995/97). Mitorganisator interdisziplinärer Tagungen in Deutschland, Italien und Russland und Mitherausgeber der Tagungsakten (bei Peter Lang Frankfurt/M, 4 Bde.); Mit-Herausgeber der Internet-Zeitschrift *Terra Italia Newsletter* (www.terra-italia.net).

Gabriele D'Annunzio, geb. 1863 in Pescara, † 1938 in Gardone Riviera. – Umfangreiches Œuvre aus Bühnenstücken, seinerzeit vielgelesenen Romanen (*Il piacere*, 1889; *Il fuoco*, 1900) und bis heute lesenswerten Verssammlungen (u.a. *Le Laudi*, 1899ff.). Nach privat und politisch bewegten Lebensphasen (1915-18 Kriegsteilnahme; 1919-

20 eigenmächtige Eroberung Fiumes) Rückzug in die vom italienischen Staat erworbene Villa Cargnacco oberhalb von Gardone Riviera (vormals Besitz des deutschen Kunstwissenschaftlers Henry Thode), die er samt umliegendem Garten nach und nach zum Vittoriale degli Italiani ausbaute und dem Staat schenkte.

Alfonso Gatto, geb. 1909 in Salerno, † 1976 in Orbetello (Grosseto). – Journalist, Lyriker, Prosa-Autor. Gründet 1938 mit Vasco Pratolini in Florenz die Zeitschrift *Campo di Marte*. 1943-51 Mitglied des PCI. Mitwirkung in Zeitschriften und Tagespresse. Verssammlungen u.a.: *La storia delle vittime* (Mailand 1966), *Poesie d'amore* (ebd. 1972). – Prosa u.a.: *La Sposa bambina* (Florenz 1943); *La spiaggia dei poveri* (Mailand 1944); *La coda di paglia* (ebd. 1949); *Carlomagno nella grotta* (ebd. 1962, über Mezzogiorno-Themen).

Andrea Guetta, geb. 1948 in Mailand. – Studium der Landwirtschaft, laurea 1972. Unternehmer im Bereich Landwirtschaft, Weinbau, Agriturismo. Leiter der Azienda Spia d'Italia in Lonato bei Desenzano (Brescia). Zahlreiche Ämter seit 1989: u.a. Mitglied der Landwirtschaftskommission in der Handelskammer (1993-1997), Vorsitzender der Strada dei Vini Bresciani del Garda (2000-2002), 2. Vorsitzender des Movimento del Turismo del Vino Lombardo (seit 1997), Ratsmitglied im Consorzio Garda Classico.

Julius Haarhaus, geb. 1867 in Barmen, † in Leipzig 1947. – Schriftsteller (Romane u.a.), 1895-97 Verlagsredakteur bei Reclam, wo er eine Goethe-Biographie publizierte (1899; ²1923). Weitere Titel in Auswahl: *Auf Goethes Spuren in Italien*, 3 Bde 1896-97; *Makulaturalia* (1896), bibliophiles Märchen, vielfach nachgedruckt; *Rom. Wanderungen durch die Ewige Stadt*, Leipzig 1924, ²1925; *Ahnen und Enkel. Erinnerungen.* Ebenhausen b. München 1921. In der von Haarhaus begründeten Reihe *Kennst du das Land?* (1896ff.) kamen Italien-Texte von Richard Voß, Paul Heyse, Oskar Floerke, Woldemar Kaden u.a. heraus.

Niklas Holzberg, geb. 1946 in Dillingen a. d. Donau. – Studium der Klassischen Philologie und Germanistik. Seit 1983 Professor an der Universität München.

Forschungsschwerpunkte sind der antike Roman, die römische Elegie und die Antikerezeption im Renaissance-Humanismus. Veröffentlichungen u.a.: *Willibald Pirckheimer*, München 1981; *Ovid: Dichter und Werk*, München [2]1998; *Der antike Roman*, Zürich [2]2001; *Catull: Der Dichter und sein erotisches Werk*, München [3]2003.

Titus Heydenreich, geb. 1936 in Hamburg. – Studium der Romanistik und Germanistik. Seit 1977 Professor an der Universität Erlangen-Nürnberg. Im Bereich der Italianistik Veröffentlichungen u.a. über Themen und Autoren des 19. und 20. Jahrhunderts.

Johannes Hösle, geb. 1929 in Erolzheim (Kr. Biberach/Riß). – 1960-65 Leiter des Goethe-Instituts Mailand, von 1968 bis zu seiner Emeritierung 1994 Professor an der Universität Regensburg. Veröffentlichungen u.a.: Monographien zu Pavese, Aretino, Molière, Goldoni. Überblicksdarstellungen zur italienischen und katalanischen Literatur (zuletzt: *Die italienische Literatur der Gegenwart. Von Cesare Pavese bis Dario Fo*. München: Beck 1999). Übersetzungen aus dem Italienischen und Katalanischen.

Franz Kafka, geb. 1883 in Prag, gest. 1924 bei Wien. – Behandelte in seinen Romanen und Erzählungen Themen wie die menschliche Beziehungslosigkeit und die Paradoxie des Daseins, vor allem jedoch den aussichtslosen Kampf des Individuums gegen verborgene, doch allgegenwärtige anonyme Mächte; meistens mit einer Atmosphäre des Traumhaften, Visionär-Phantastischen. Werke u.a.: *Die Verwandlung* (1916); *Der Prozeß* (1925); *Das Schloß* (1926).

Elena Ledda. – Studienabschluss an der Pädagogischen Fakultät der Università Cattolica di Brescia; anschließend Weiterbildung in Handschriftenkunde, Urkundenlehre, Archiv- und Bibliothekswesen. Von 1978 bis 1999 Angestellte der Stiftung «Il Vittoriale degli Italiani», mit Aufgaben im kulturellen Bereich, insbesondere bibliothekarische Tätigkeiten und Verwaltung des Archivs von Fiume. Seit 1983 hat sie für die Stiftung in Gardone Riviera sowie für die Städte Mailand, Padova, Pescara, Rom, Pisa und Prag mehr als zwanzig Ausstellungen historischen oder literarischen Charakters organisiert. Zahlreiche Tagungs- und Zeitschriftenbeiträge über D'Annunzio oder andere Themen. Verfasserin u.a. von: *Fiume e D'Annunzio. Pagine di storia* (1988); *Il catalogo dei documenti fiumiani* (1989); *Saggio di bibliografia critica dannunziana, 1882-1938* (1996). Herausgeberin der ersten kommentierten Ausgabe von D'Annunzios *Notturno* (Garzanti, 1995). Mitarbeit an den Dokumentarfilmen *D'Annunzio poeta aviatore* (1988) und *La casa dei sogni* (1989). Ehemalige Lehrbeauftragte an den Universitäten von Brescia, Triest, Turin und Pescara, ist sie heute stellvertretende Vorsitzende des Athenäums von Salò und Leiterin des Kulturbundes «L'Oleandro».

Pino Mongiello, geb. 1944 in Salò. – Neuphilologisches Studium an der Università Cattolica von Mailand, Abschlussarbeit über Pasolini. Seit 1975 in verschiedenen Funktionen im öffentlichen Leben aktiv; 1990 zum Bürgermeister seiner Heimatstadt gewählt. Bei den von ihm vorangetriebenen kulturellen Initiativen ging es ihm stets darum, Anspruch und Breitenwirkung zu verbinden. In den 80er Jahren war er Leiter des Bibliothekssystems des «Alto Garda Bresciano» und gründete (zusammen mit Attilio Forgioli und Flaminio Gualdoni) die «Civica Raccolta del Disegno» von Salò. In den 90er Jahren konzipierte er die Estate Musicale del Garda und war überdies maßgeblich an der Entwicklung des Projekts eines Studienzentrums über die Zeit der *RSI* beteiligt. Organisator von Tagungen, Ausstellungen und Publikationen; von 1987-89 leitender Herausgeber der ökologischen Monatsschrift *ECO.* Derzeit Stadtrat von Salò, Vorsitzender des Gardasee-Verbandes und des Athenäums von Salò; ständiger Mitarbeiter mehrerer Zeitschriften.

Carlo Simoni, geb. 1949 in Brescia. – Beschäftigt sich seit langem mit der zeitgenössischen Wirtschafts- und Sozialstruktur der Region um Brescia, wie auch deren historischem und industriellem Erbe; auf dieser Grundlage hat er mehrere der Arbeitswelt und lokalen Traditionen gewidmete Museen konzipiert und ausgestattet: in Brescia das «Museo del Ferro»; in Valtrompia «I Magli» von Sarezzo, «Il Forno» von Tavernole, die «Miniera Marzoli» von Pezzaze und die «Miniera S. Aloisio» von Collio; im Hinterland des Gardasees das Besucherzentrum des «Parco Alto Garda Bresciano» und Museum des «Territorio Gardesano» in Tignale. Er ist Mitglied des wissenschaftlichen Beirats und Berater des Industrie- und Arbeitswelt-Museums von Brescia. Er leitet die Zeitschrift *AB (Atlante Bresciano)* und das Verlagshaus Grafo in Brescia.

Folkmar Stoecker, geb. 1943 in Berlin. – Abitur an der Deutschen Schule Rom, Jurastudium in Marburg, Hamburg und Pescara. 1970 Eintritt in das Auswärtige Amt. Auslandsverwendungen in Saigon (Vietnam), Washington D.C., Rom, Warschau und Tokio. Seit Juli 2002 Generalkonsul der Bundesrepublik Deutschland in Mailand.

Eugenio Turri, geb. in Verona. – Geograph, vormals Dozent an der Fakultät für Architektur und Urbanistik des Politecnico in Mailand. Autor zahlreicher an italienischen Universitäten verwendeter Bücher, die besonders dem Studium der Landschaft und den diesbezüglichen Entwicklungen in Italien (und außerhalb) gewidmet sind. Er war Berater für Planung in der Region Lombardei. Mitglied wissenschaftlicher Komitees italienischer und ausländischer Zeitschriften seines Kompetenzbereichs. Einen Teil seines Lebens hat er auch als Wissenschaftler und Reisender den Nomadenvölkern in Afrika und Asien gewidmet. Er lebt jetzt in einem Dorf am Gardasee.

Bart Van den Bossche. – Forscher an der belgischen Entsprechung zum französischen C.N.R. und Dozent für italienische Literatur an der Universität von Louvain (Leuven); er beschäftigt sich mit moderner und zeitgenössischer italienischer Literatur, insbesondere mit deren Verbindung zum Mythos, sowie mit der «Darstellung des Fremden» im Roman des 20. Jahrhunderts. Verfasser von Aufsätzen u.a. über Leopardi, Pirandello, Svevo, Futurismo, Jahier, Buzzati, Pavese, Vittorini, Calvino, Eco, Del Giudice. 2001 erschien sein Buch *Nulla è veramente accaduto. Strategie discorsive del mito nell'opera di Cesare Pavese* (Firenze: Franco Cesati editore).